Nie hat eine Blumenmalerin eine so weitgehende und anhaltende Beliebtheit und Bewunderung erlangt wie Maria Sibylla Merian (1647-1717). Der Künstlerin kam es nicht auf Raffinesse und artistisch blendende Maltechnik an. Sie wandte sich in liebevoller Hingabe der Aquarell- und Gouachetechnik zu, in der sie zu unübertrefflicher Meisterschaft gelangte und damit zum Vorbild für alle späteren Spitzenkönner botanischer Buchillustration wurde. Den Abbildungen in diesem Band ist eines der seltenen von der Malerin selbst kolorierten Buchexemplare zugrunde gelegt, das sich in der Sächsischen Landesbibliothek Dresden befindet.

Maria Sibylla Merian ist im öffentlichen Leben auf vielerlei Weise präsent: 1987 erschien eine Briefmarke, 1992 eine Banknote mit ihrem Bildnis, biographische Darstellungen befassen sich mit Leben und Werk. 1997 widmete ihre Geburtsstadt Frankfurt am Main der Künstlerin eine große Ausstellung; der Katalog dazu faßt den aktuellen Forschungsstand zusammen.

Unsere Ausgabe folgt der 1966 im Insel Verlag Leipzig erschienenen Ausgabe mit einem Begleittext aus dieser Zeit.

Im insel taschenbuch ist gleichfalls in einer großformatigen Ausgabe erschienen: Maria Sibylla Merian, Das Insektenbuch. insel taschenbuch 2870

insel taschenbuch 2927
Maria Sibylla Merian
Neues Blumenbuch

Maria Sibylla Merian
Neues Blumenbuch

Mit einem Begleittext von Helmut Deckert

Insel Verlag

insel taschenbuch 2927
Erste Auflage 2003
Insel Verlag Frankfurt am Main und Leipzig

Hinweise zu dieser Ausgabe am Schluß des Bandes
Vertrieb durch den Suhrkamp Taschenbuch Verlag
Umschlag nach Entwürfen von Willy Fleckhaus
Satz: Hümmer GmbH, Waldbüttelbrunn
Druck: Memminger MedienCentrum
Printed in Germany
ISBN 3-458-34627-9

1 2 3 4 5 6 – 08 07 06 05 04 03

INHALT

Neues Blumenbuch
9

HELMUT DECKERT
Maria Sibylla Merians ›Neues Blumenbuch‹
85

Barock und Aufklärung –
Die Umwelt Maria Sibylla Merians
90

Leben und Werk
der Maria Sibylla Merian
95

Das ›Neue Blumenbuch‹
133

Zeittafel
145

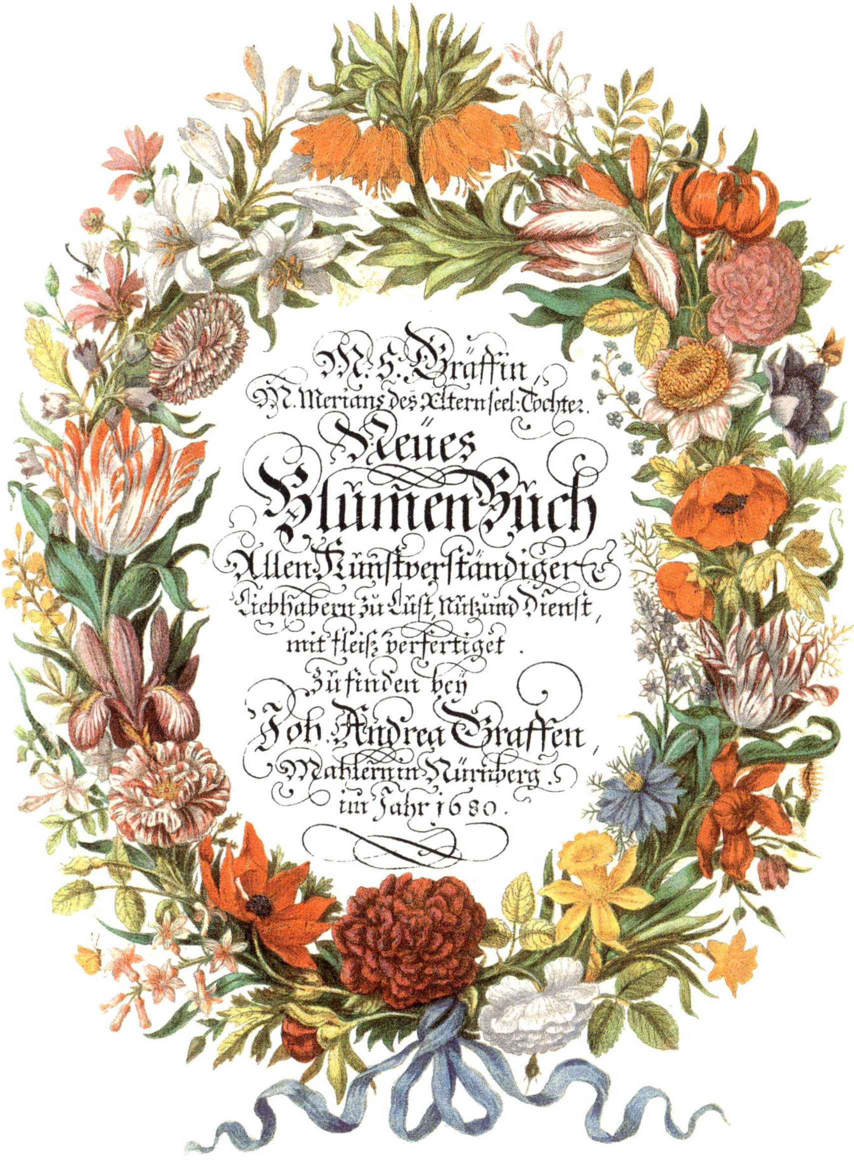
M. S. Gräffin,
M. Merians des Eltern seel: Tochter.
Neües
Blümen Büch
Allen Künstverständiger
Liebhabern zü Lüst, Nützünd Dienst,
mit fleiß verfertiget.
Zü finden bey
Joh. Andrea Graffen,
Mahlern in Nürnberg.
im Jahr 1680.

Vorrede
an den
Natur- und Kunst-liebenden Leser:

DEr Glorwürdigste Keyser / Maximilian / sahe (*a*) einsmals/auf der Reise/ einen alten Bauern Stämme setzen und impfen; den ließ Er vor sich kommen / und fragte / was für Früchte er da pflantze? Der Bauer sagte/ er setze Dattelbäume. Der Keyser lachte/ und sprach: Ey/Bäuerlein/die Datteln tragen erst in hundert Jahren Früchte; das wirst du nicht erleben / daß du davon issest! Der Bauer antwortet: Ja / Genädiger Herr / ich weiß es wohl; ich thue es aber GOtt zu Ehren/und den Nachkommen zu Nutz! Diese Rede und That gefiel dem Keyser so wol / daß Er dem Mann hundert Gülden schenken ließ: Also ward ihm seine Sorg und Arbeit für die Nachkommen reichlich belohnet/ob er gleich der gepflantzten Bäume Früchte nicht genoß. Hingegen diejenige/ welche entweder Blumen ziehen/oder verschenken / sind weder auf GOtt/ noch ihre Nachkommen groß bedacht; sondern hätten gern lieber heut / dann morgen / ihren Nutzen/ den sie dadurch suchen. Vom theuren Blumen-kauff schreibt Neteranus, (*b*) daß vom Jahr 1633. bis 37. in einer Holländischen Stadt über eine Million Golds verhandelt worden. Eine Blume/ von den Tulpenhändlern Semper Augustus genant / habe man für 2000. Niederländische Gülden verkaufft; welche ums Jahr 1637. für kein Geld mehr zu kauffen gewest/dieweil derer nur zwo/eine zu Amsterdam/die andere zu Harlem/vorhanden waren. Man sagte auch/ daß einer einen Garten von Tulipanen gehabt / für welchen / samt den Blumen / ihm 70000. Gülden wären angeboten worden; er aber habe die nicht annehmen/sondern seinen Garten/mit den Blumen/behalten wollen. Auf diesen (*c*) Handel / weil er anfangs so wol trug / begaben sich die Leute so gar / daß die Weber ihre Stühle zu Geld gemacht/und an die Blumen gelegt: Ihrer viel haben schöne/ köstliche Häuser/Landgüter/ und alles/ was sie gehabt/ verkaufft/ auch grosse/ auf Zinst ausgeliehene Geldsummen wiederum eingezogen/und an solche Blumen gewagt/die weder Geruch noch Geschmack hatten; nur daß sie mit einer flüchtigen Augenweide lüsterne Hertzen eine kurtze Zeit ergötzten. Als im Jahr 1679. den 12. Novemb. der jetzige Päpst die Milaneser-Kirche S. Carlo besichtiget / und Ihm auf dem Ruckweg einige Blumen verehret wurden; legte Er in diejenige Schüssel/ darinnen man solche überreicht / einen Brief von etlich tausend Cronen; bey der Kammer solche zu empfangen.

So viel vermag nemlich die Natur / mit ihrer holdseeligen Zierde / bey grossen Liebhabern auszurichten/ daß sie die Beschauung solcher Blumen höher/ als ihrer Schätze achten; und lieber ihren Reichthum/dann ihre Lust vermindern wollen. Um welcher willen sie vielleicht desto weniger zu verdenken / indem so bunte Meisterstücke die heimliche Neigung an sich habē/daß sie diejenigen nicht so wol mit sehenden Augen blind/als mit blinden Augen sehend machen: Zumal so wir der Sineser (*d*) Blumen-

könig/

(*a*) Casp. Titius in Loc. Theol. pag. 635. (*b*) Meteran. lib. 55. (*c*) Mart. Grundmann/in der Geschicht schuhl / Bl. 235. (*d*) Joh. Neuhoff in Beschreibung Sina / Cap. XV. Bl. 327. 328.

könig/Meutang genant/nur in unsrem Sinn beschauen/dessen grosse Blätter/weißlicht/ und mit Purpur vermengt; wiewol auch etliche gantz roth/ und gantz gelb gefunden werden. Die Sinesische Rose mag billich eine Wunderblume darum heissen/ dieweil sie ihre Farb täglich zweymal verändert; indem sie bald Purpurfarb/ bald Schneeweiß ist. Zu geschweigen der auch Schneeweissen/und auf kleinen Bäumlein wachsenden Mogorin, welche der Blume Jesamin nicht unähnlich; ohne daß sie mehr Blätter/ dazu auch einen viel edlern Geruch hat/womit eine eintzige Blum ein gantzes Haus erfüllen kan. Wiewol Europa nicht das geringste Asien hierinnen bevor gibt; sintemal der Chur-Pfältzische Lustgarten aus Engelland dermassen bereichert und gezieret worden / daß allda beedes Scharlachfarbe und blaue Jesamin/schattirte Rosen von allerhand Farben / schwartze Johannisbäre / die den Wacholdern dem Geschmack nach wol gleichen/rothe Stichelbäre/nebenst vielen andern seltenen Denkwürdigkeiten / mit höchster Verwunderung / gesehen werden: Als an einem solchen Ort / woselbst Apollo Hof hält / und alle schöne Wissenschaften mehr dann Fürstlich begnadet werden. Es lässt sich auch nicht verschweigen/was der wegen seiner vortrefflichen Schrifften hochberühmte/und ungemeiner Freundlichkeit wolbeliebte Mann / P. Bohusl. Balbinus (e) unlängst von Böhmerland glaubwürdig berichtet / wie nemlich die Angelica, auf dem Riesengebürg/höher dann ein Mensch / und dicker dann ein Arm / abgebrochen worden.

Dieweil nun aber / eben in dieser Blüe- und Blumenreichen Frühlingszeit/ die Kunst von der Natur/als zu einem freywilligen und anmuthigen Zweykampf/gleichsam ausgefordert wird; so hat man nicht ermanglen wollen noch sollen / diesem nach wiewol schwachem jedoch willigem Vermögen / einige Vergnügung zu leisten: Und dannenhero diß neue Blumenbuch nicht um eigenes Nutzens willen (wie von jenen beschehen) sondern vielmehr der Lehrgierigen Jugend zum besten/und dann auch der künftigen Nachwelt zum Angedenken / an das Liecht stellen wollen: Damit solches so wol zum Nachreissen und Mahlen / als dem Frauenzimmer zum Nähen/ und allen Kunstverständigen Liebhabern zu Nutz und Lust dienstlich seyn möchte. Des zuversichtlichen Vertrauens / dieselbigen werden solches drey-bündige Blumenbuch eben mit derjenigen Gunstgewogenheit zu bewürdigen geruhen; womit Sie das jüngsthin ausgegebene Raupenbüchlein / wegen der darinn befindlichen Blumen und Kräuter / an- und aufzunehmen / ihnen merklich belieben lassen.

So muß Kunst und Natur stets mit einander ringen/
bis daß sie beederseits sich selbsten so bezwingen /
damit der Sieg besteh' auf gleichen Strich und Streich:
Die überwunden wird / die überwindt zugleich!
So muß Kunst und Natur sich hertzen und umfangen/
und diese beederseits die Hand einander langen:
Wol dem/ der also kämpft! dieweil / auf solchen Streit/
wann alles ist gethan/ folgt die Zufriedenheit.

(e) Balbin. lib. 1. Miscell. Hist. R. Bohem. cap. 6. §. 5.

Register

Des ersten Blumentheils.

1. Des Tituls Blumenkrantz.
2. Ein gefüllter Hyacinth / und ein Stengel Tacetten.
3. Ein einfacher / blauer Hyacinth.
4. Zwey einfache Narcissen.
5. Grosser / Orientalischer Narciß.
6. Die Grosse Tulipan / Diana / samt der kleinen / die Veue, oder Wittfrau genant.
7. Gebänd von einer Anemone / Fritillari und Crocus.
8. Eine grosse blaue Lilje.
9. Feuerfarbe / Türkische Binde / oder Goldwurtz.
10. Dreyfaltigkeits-Blümlein / sonst Stiefmütterlein / auch Je länger je lieber / genant.
11. Ein Stengel Holländischer Rosen.
12. Betonien-Rosen und Knopf.

Des zweyten Blumentheils.

1. † Des Tituls Blumenkrantz.
2. † Ein Blumen-Gehäng / samt zweyen Blumen-Kräntzlein.
3. † Schlüsselblümlein / Auriculæ Ursi genant.
4. † Einfache / goldgelbe Keyserskron.
5. † Schöne Tulipan / der Hevelmann genant.
6. † Grosser / gelber Veil-Stengel.
7. † Eine Feuerfarbe Ranunkel.
8. † Weisse Lilien / Schneetröpflein und blauer Bindling.
9. † Tunckelblaue Iris / oder Schwert-Lilje.
10. † Negelein / oder Grasblumen-Stengel.
11. † Ein Stengel Granaten-Blüe.
12. † Ein Gebänd / mit einer tunkeln Sammetrosen / und weissen Jesamin / nebst einer Purpur-Anemone.

Des dritten Blumentheils.

1. - Des Tituls Blumenkrantz.
2. - Ein Blumen-Körblein.
3. - Ein Blumen-Krüglein.

4. Weis-

4. - Weisser Hundszahn / rother Hyacinth / Iris von Persen / und Schaben-Blümlein / oder Weintrauben-Hyacinth.

5. - Blaue Stern-Hyacinthen / Tulipan der Admiral de Moor genant / und gefüllte Fritillarien.

6. - Sechs auserlesene Anemonen.

7. - Gefüllter Rittersporn / ein Josephstab und eine Englische Iris.

8. - Mayenblümlein / und eine Tuberosa / samt einem Corallen-Blümlein.

9. - Magsamen-Blume / blaue Wiesen-Glöcklein / und ein Stigelitz / oder Distelfink.

10. - Grosse Capern-Blüe benebenst Kunschroten.

11. - Eine Passions-Blum.

12. - Gelbe Rittersporn / eine Tosten / und Blümlein / genant Vergiß mein nicht.

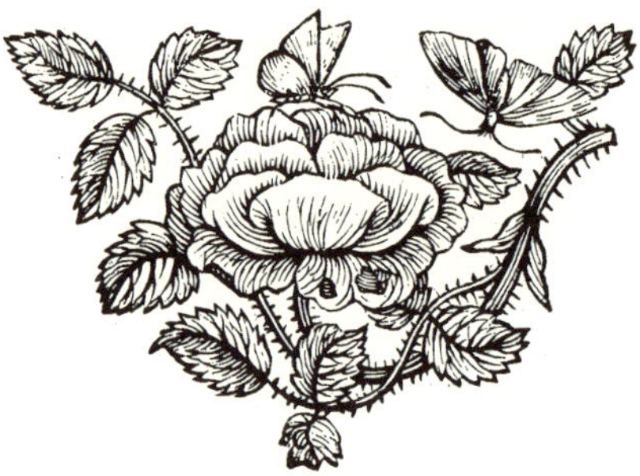

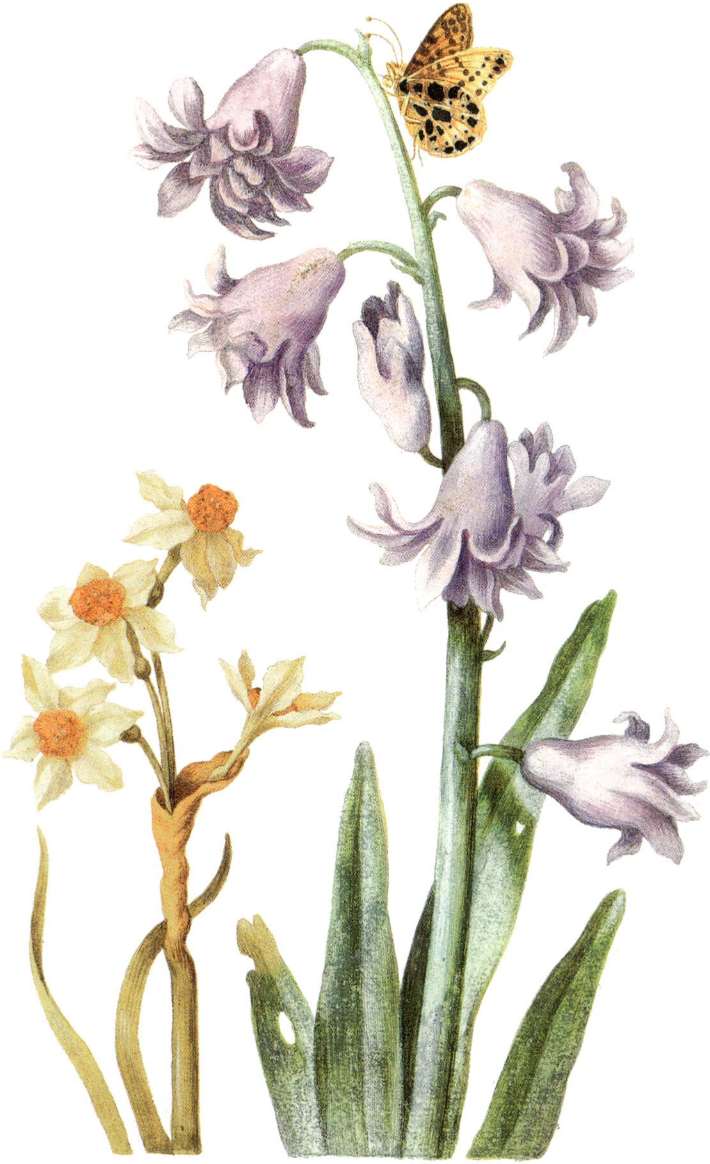

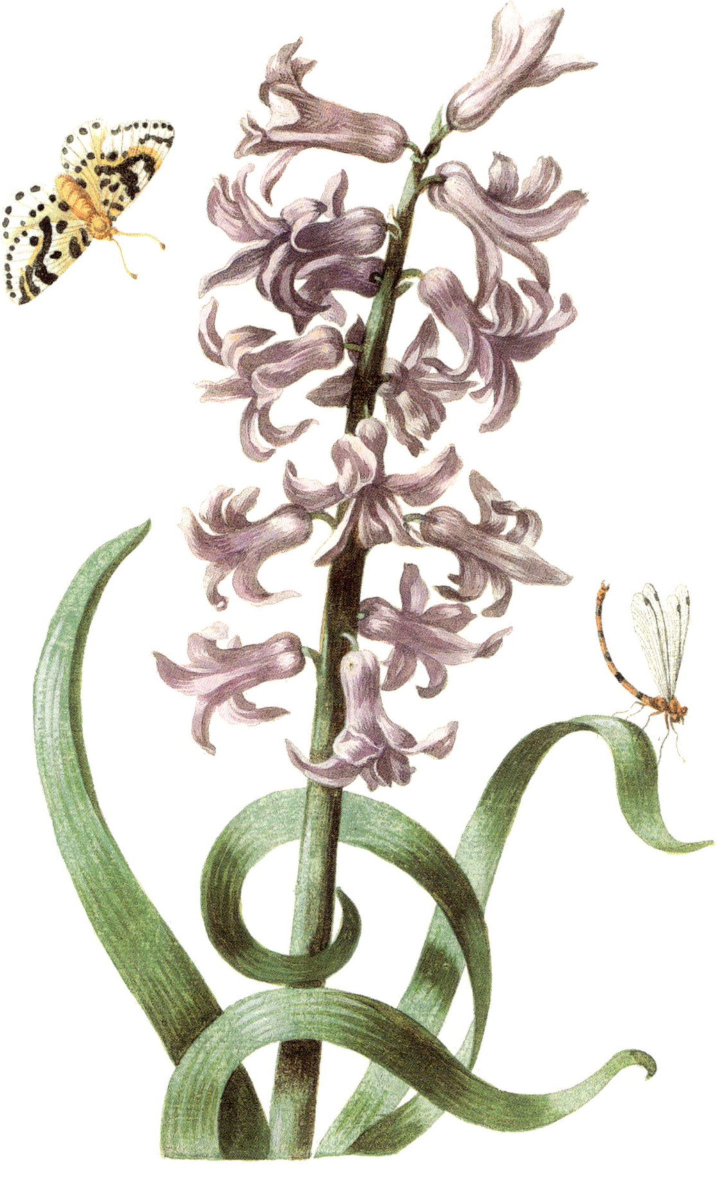

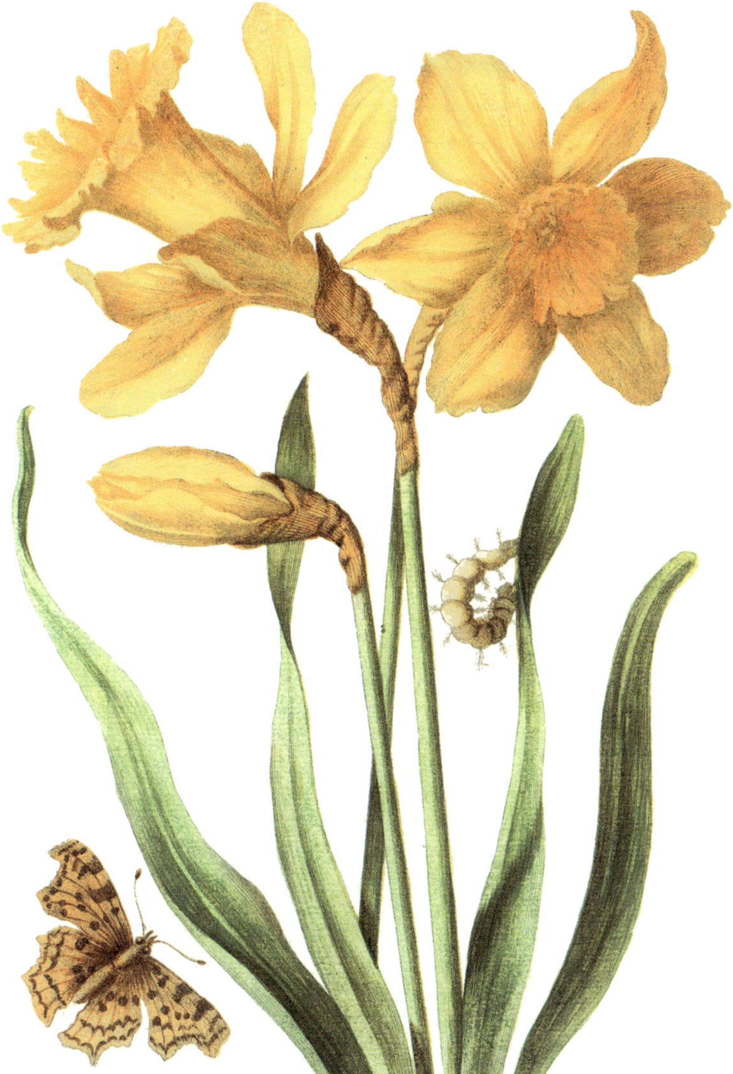

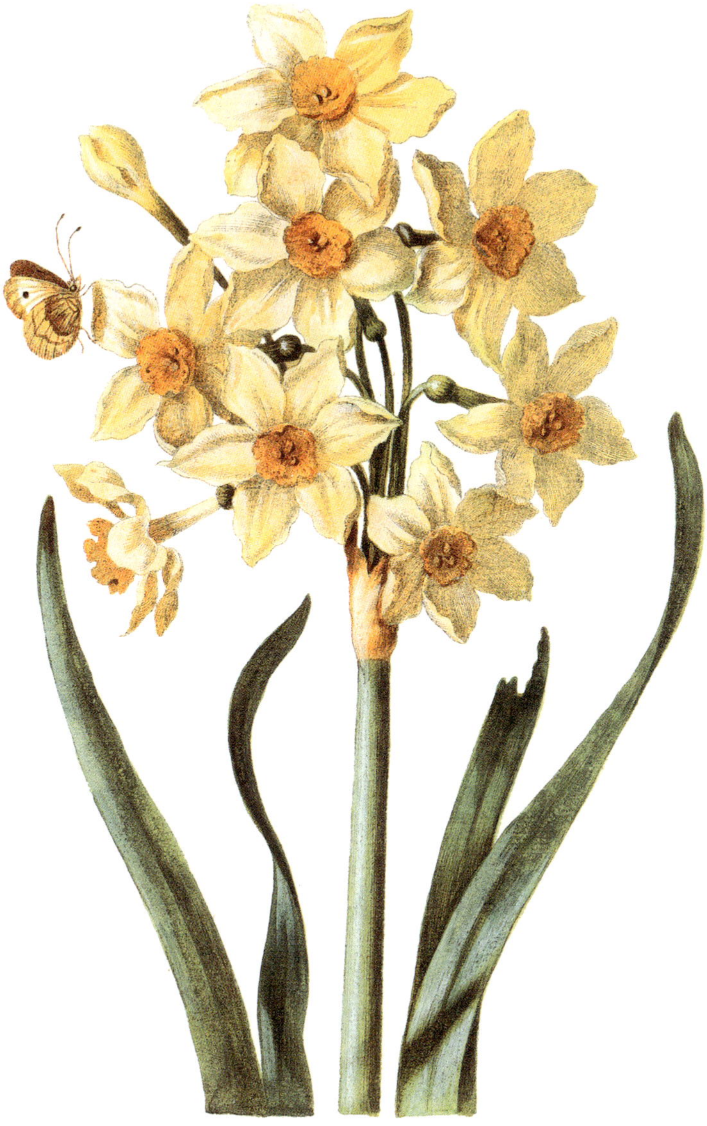

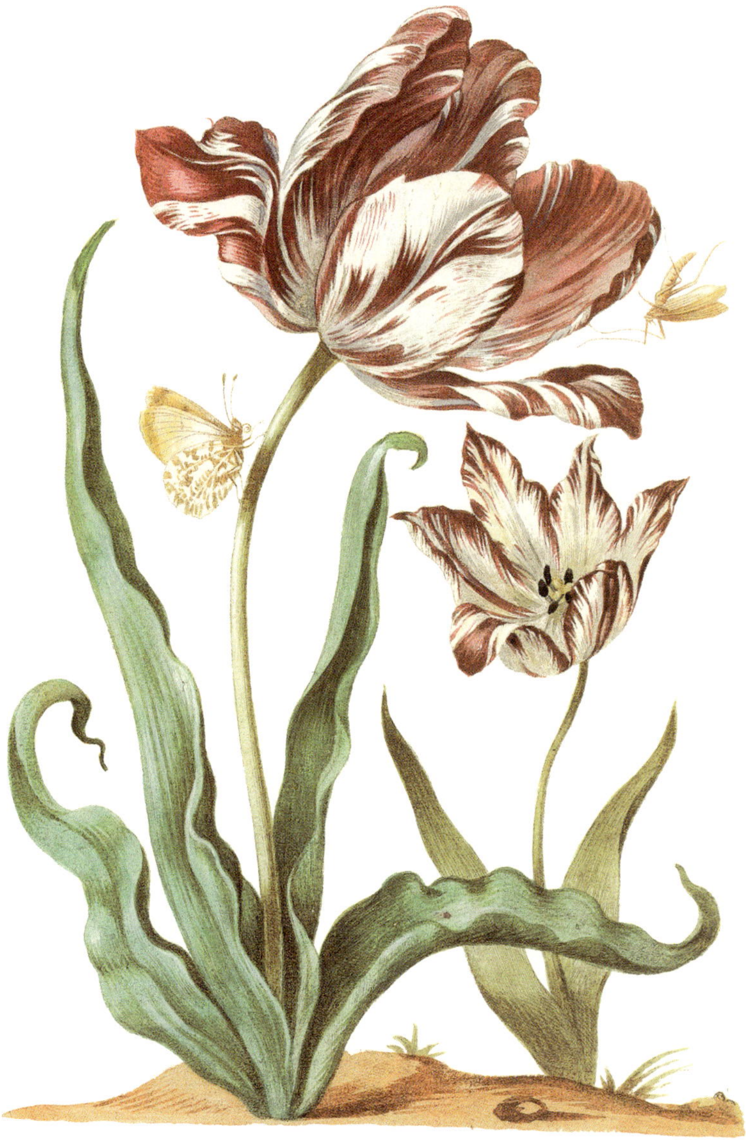

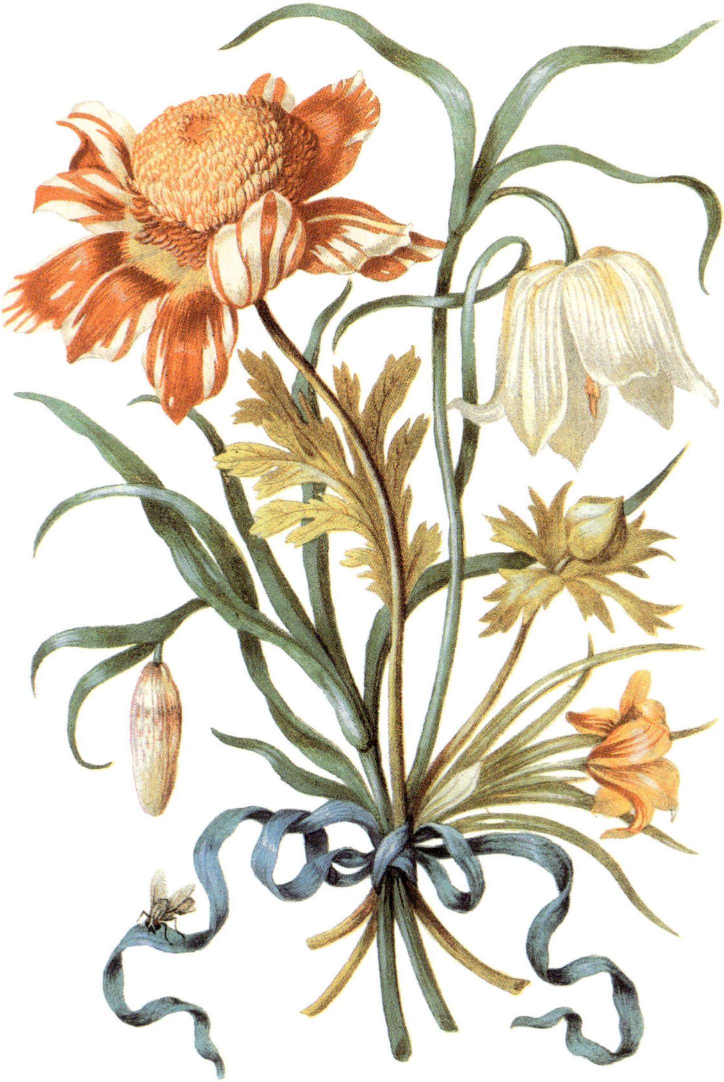

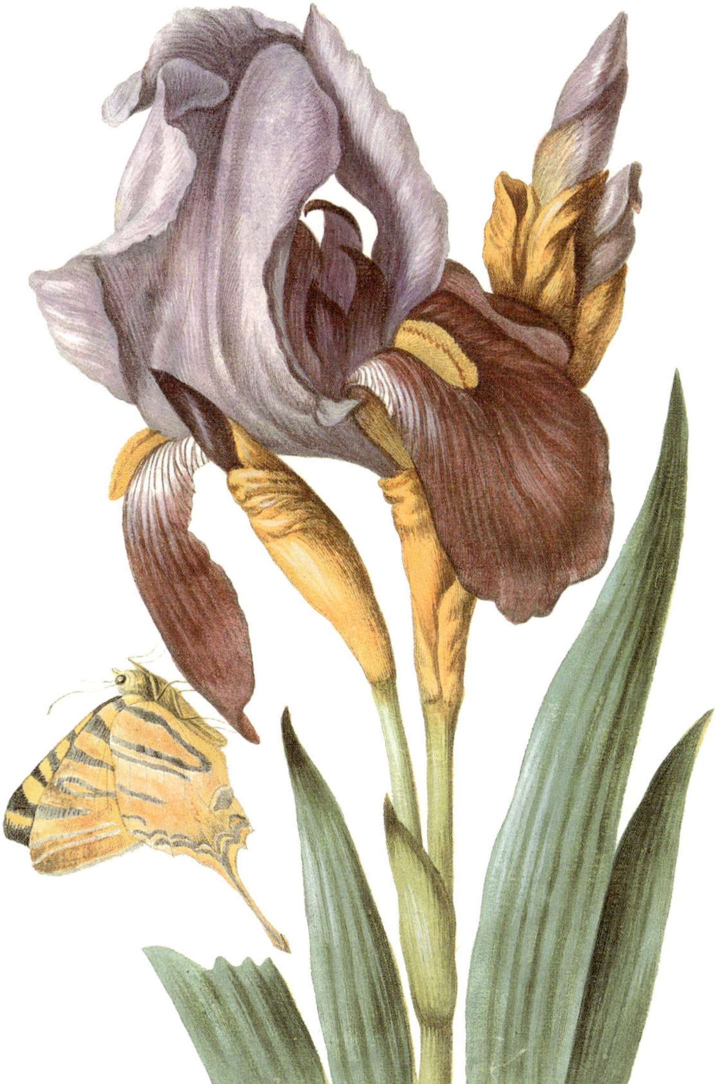

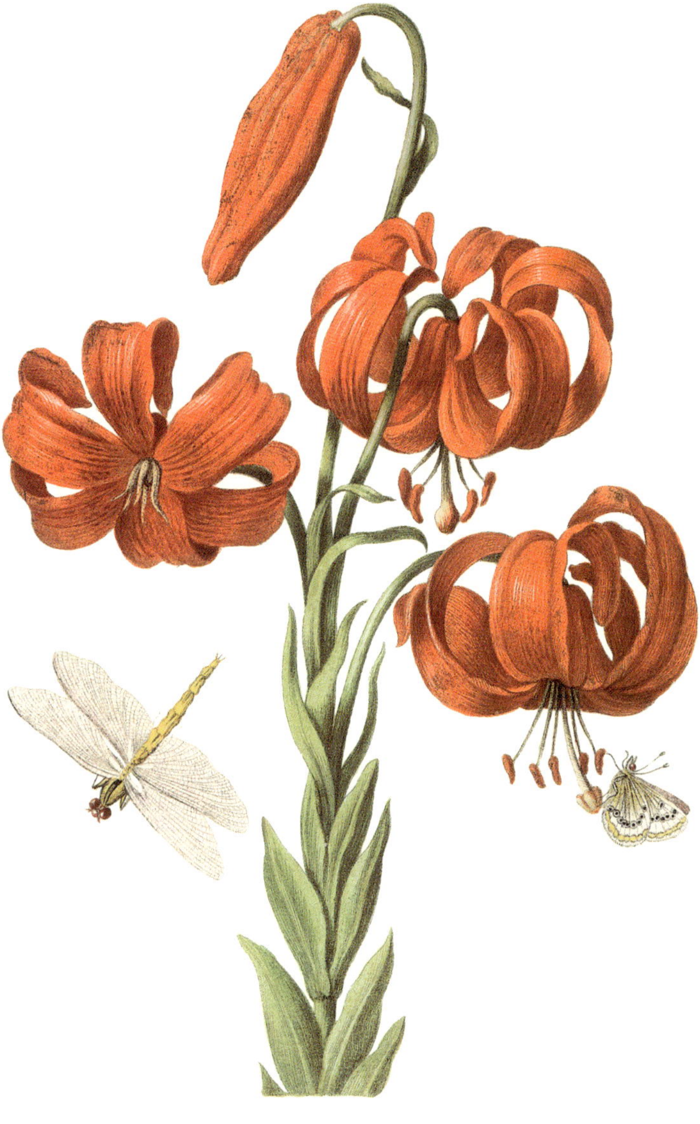

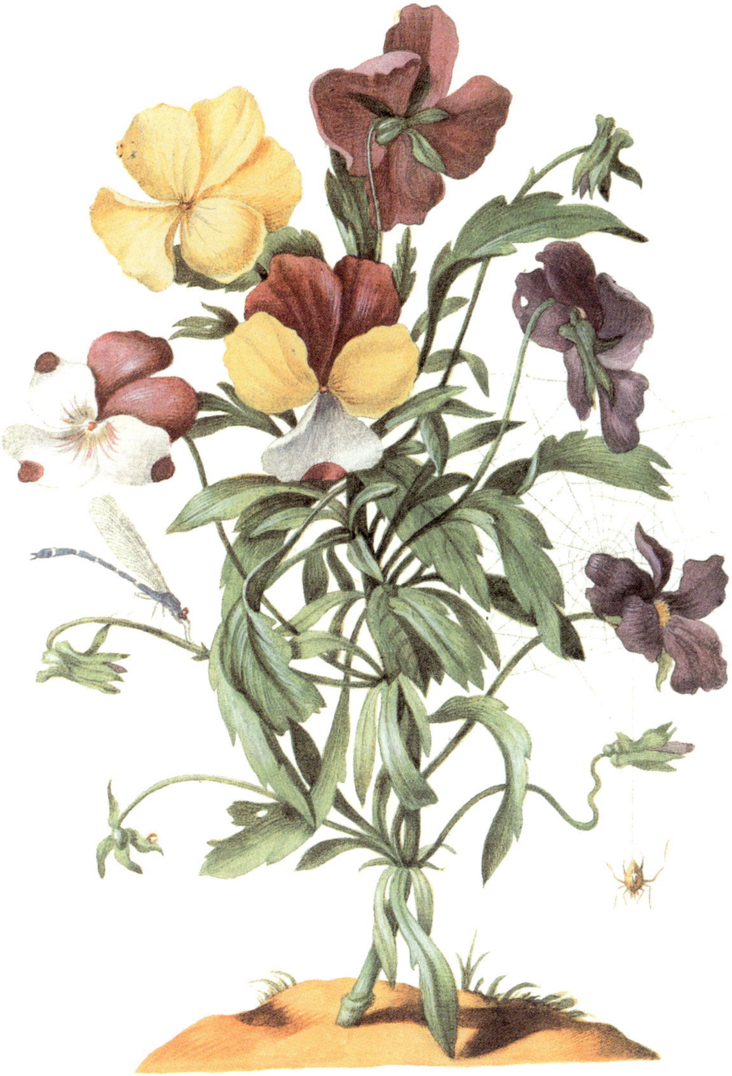

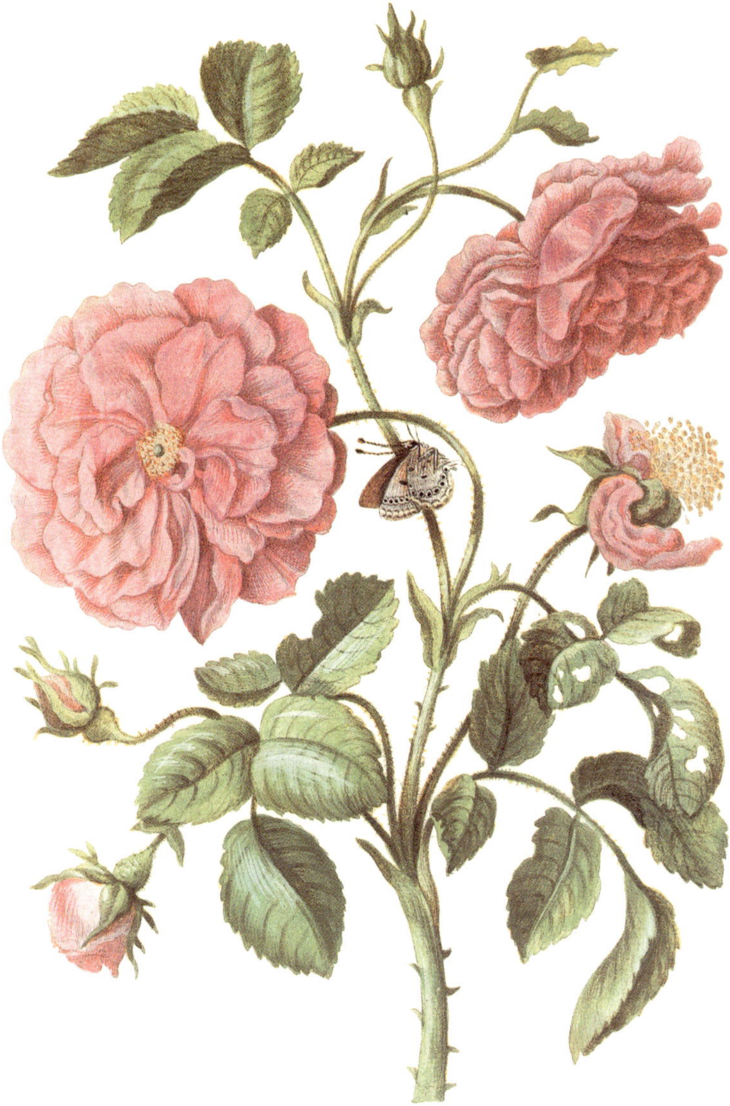

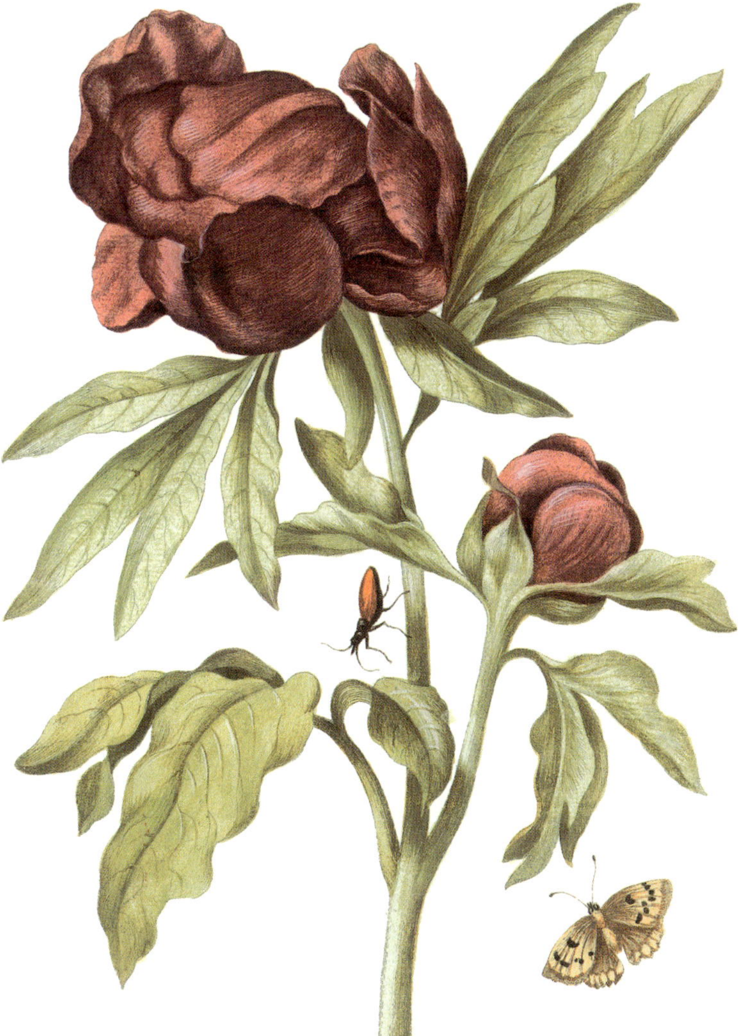

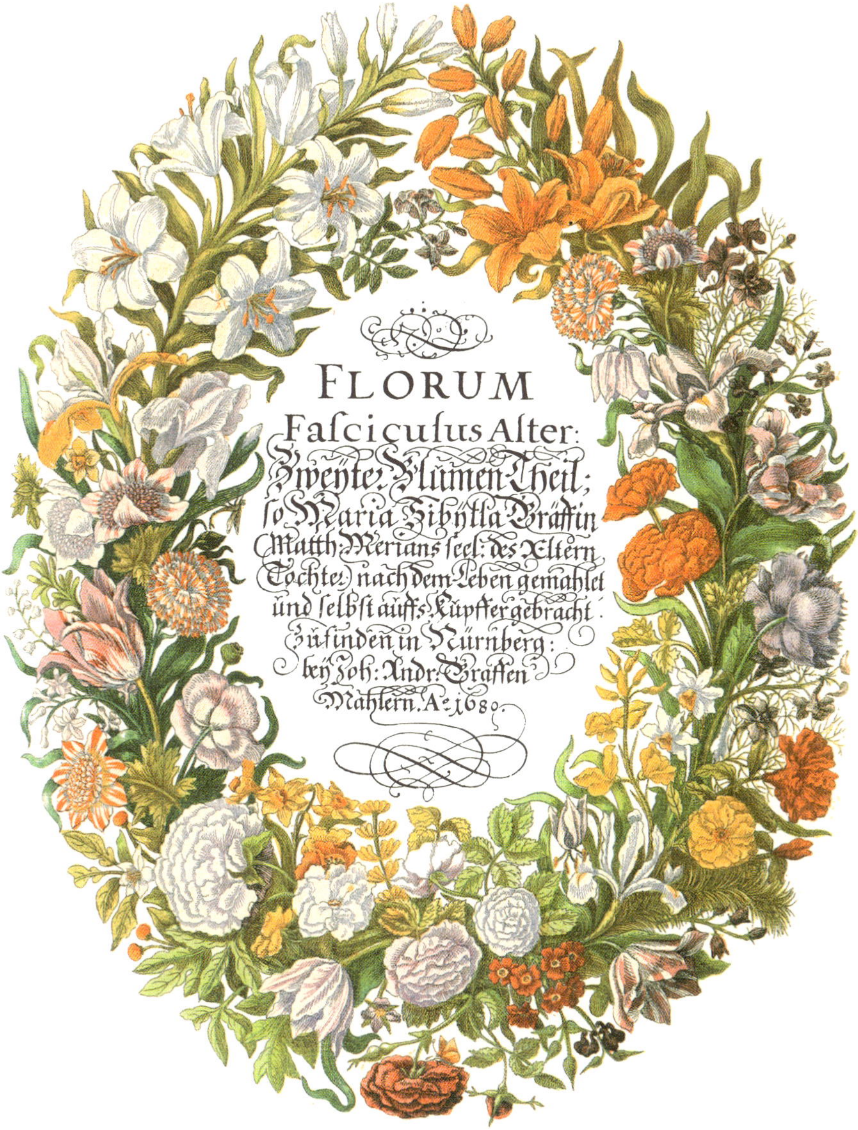

FLORUM

Fasciculus Alter:

Zweyter Blumen-Theil;
so Maria Sibylla Gräffin
Matth: Merians seel: des Ältern
Tochter nach dem Leben gemahlet
und selbst aufs Kupffer gebracht.
Zu finden in Nürnberg:
bey Joh: Andr: Graffen
Mahlern. A°. 1680.

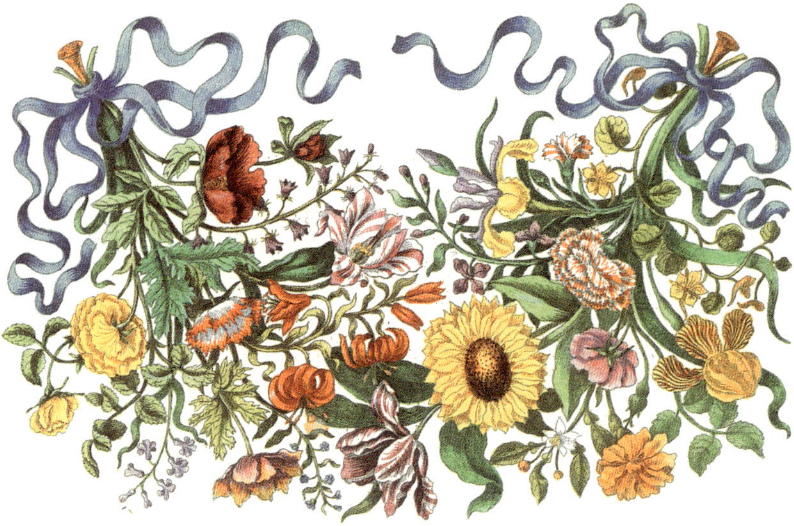

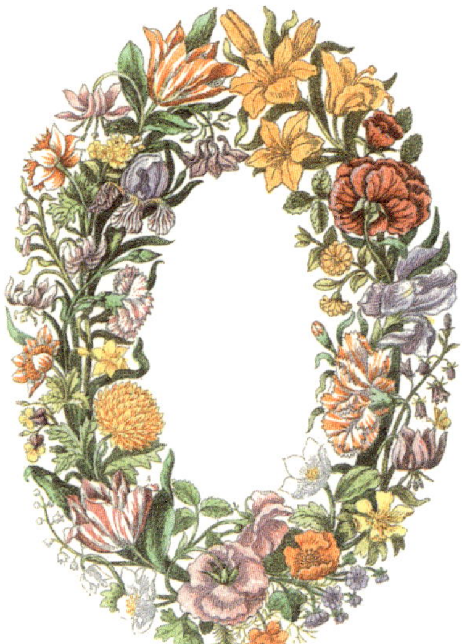

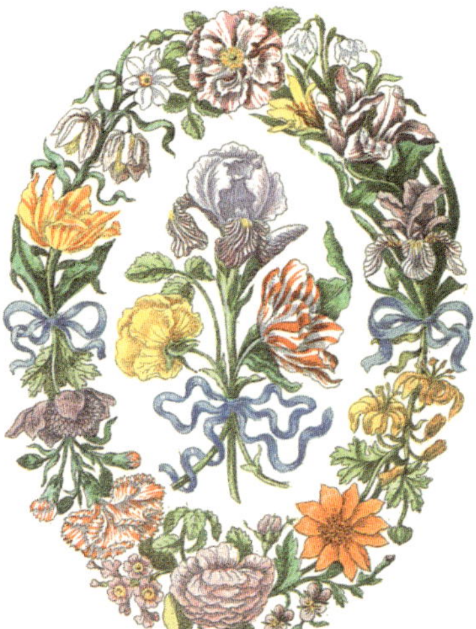

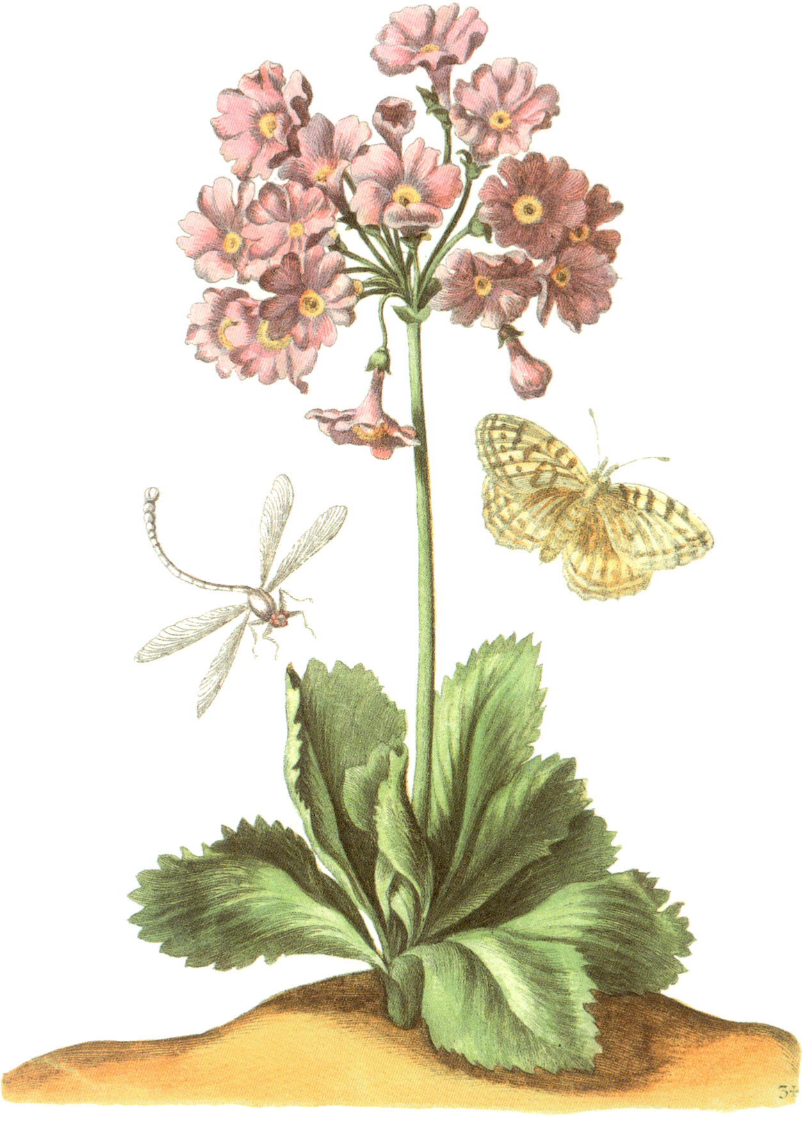

34

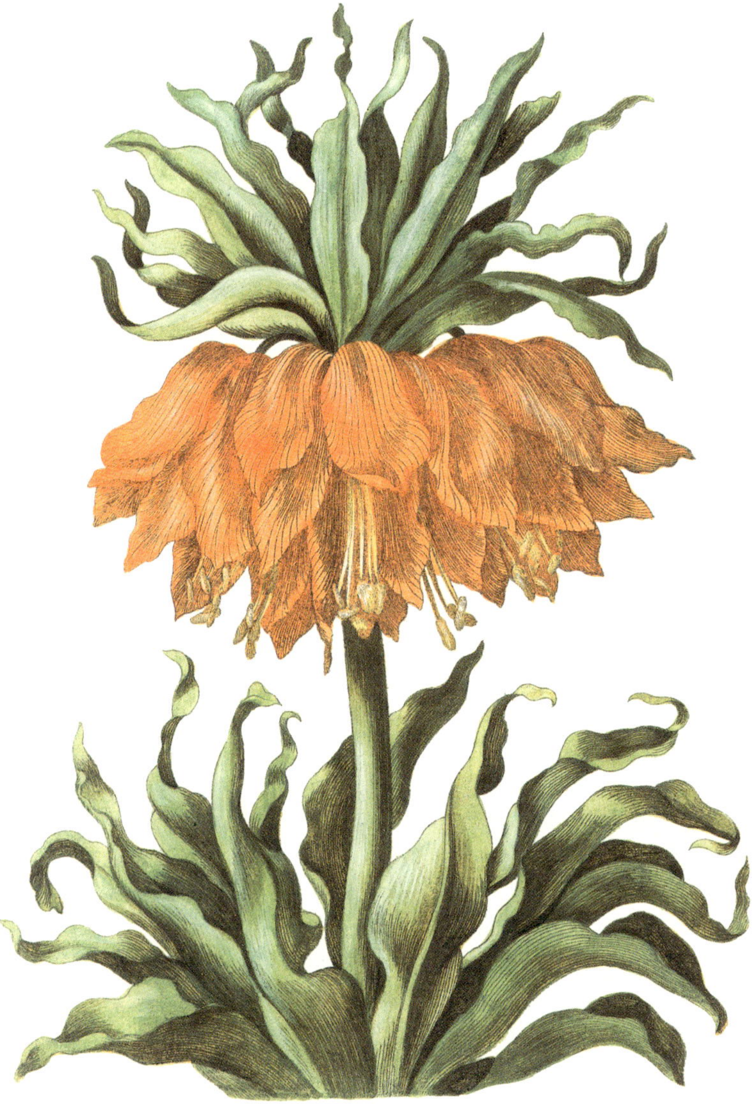

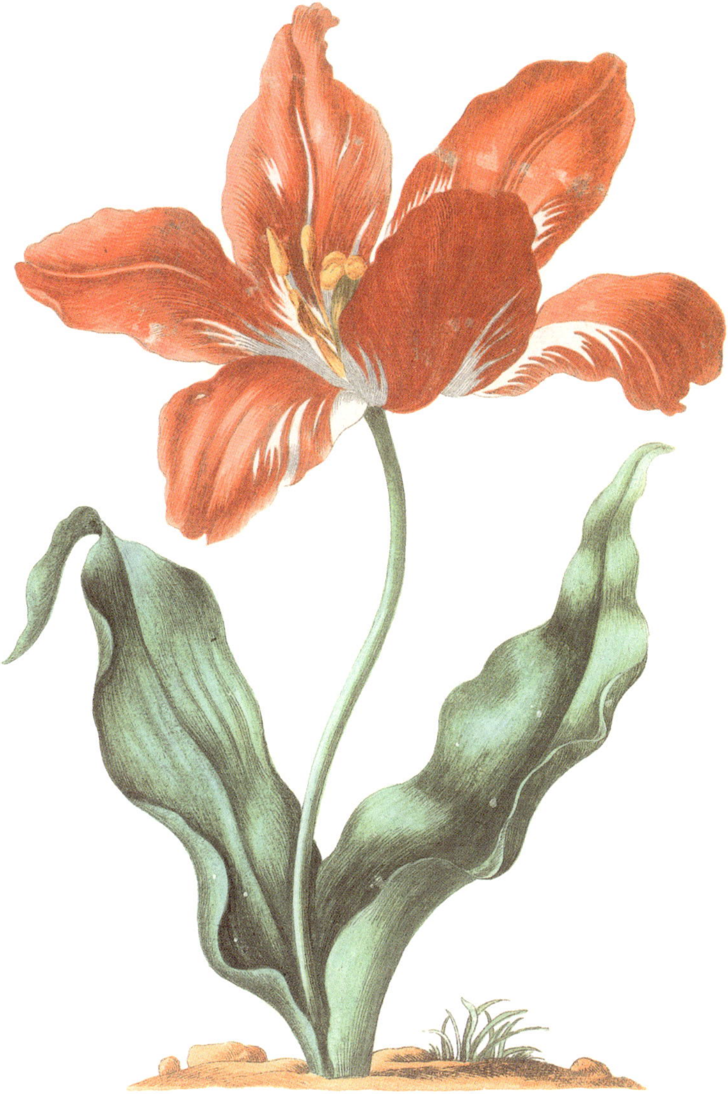

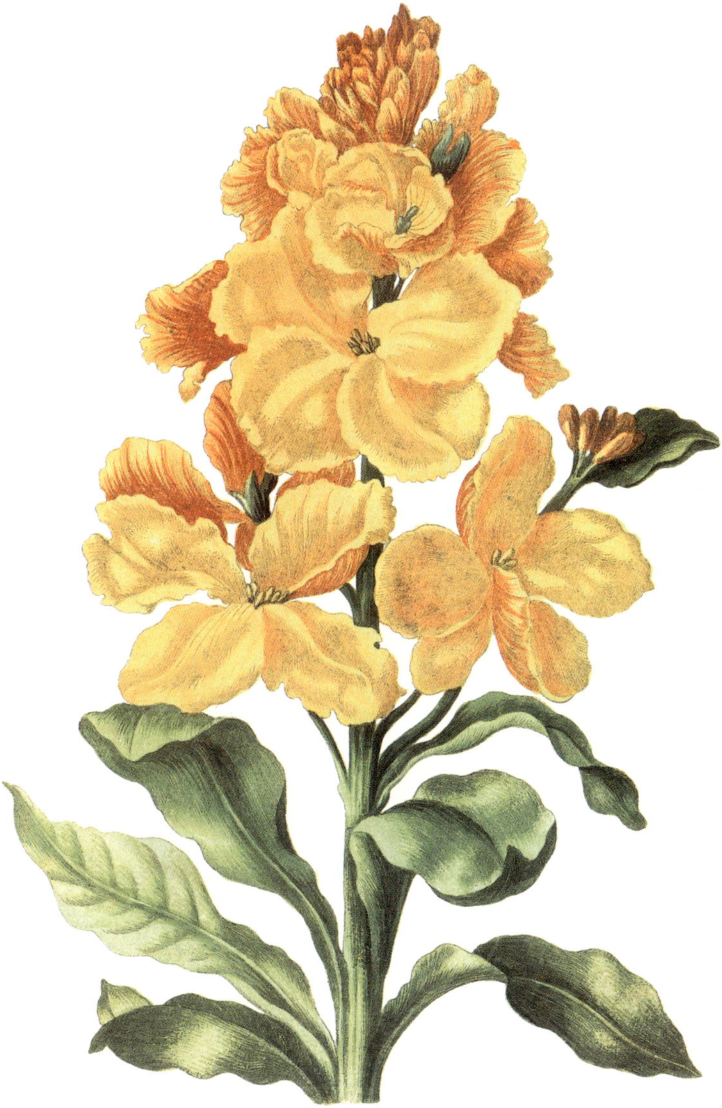

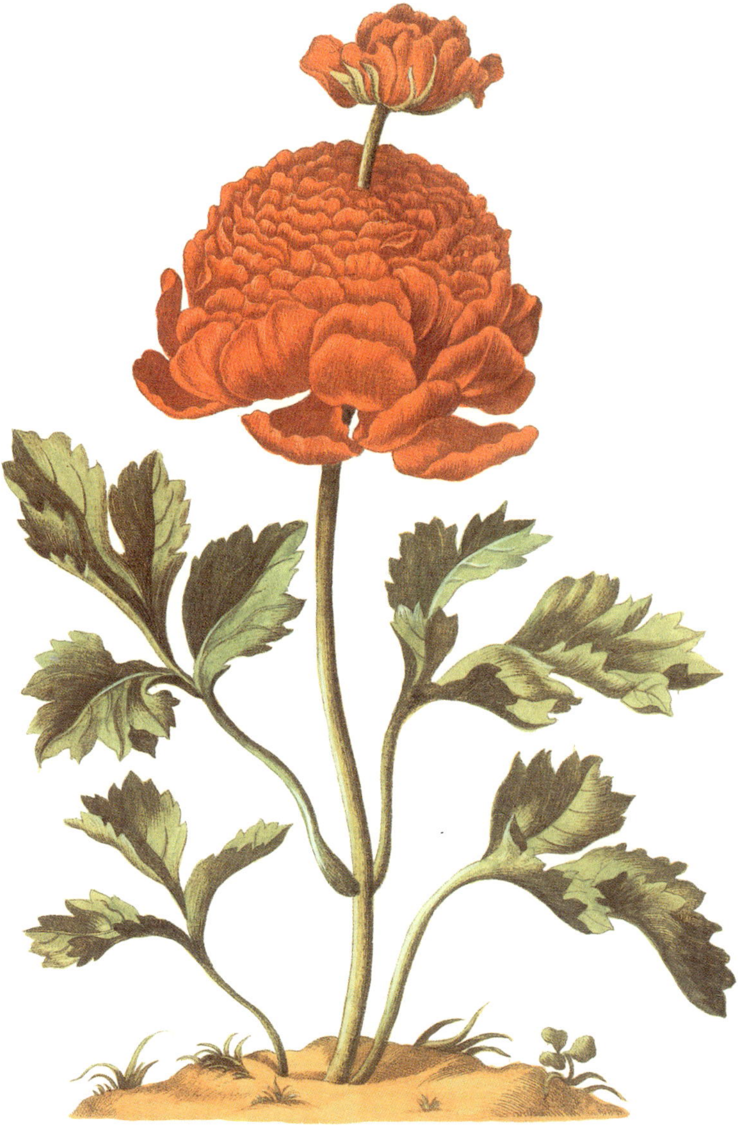

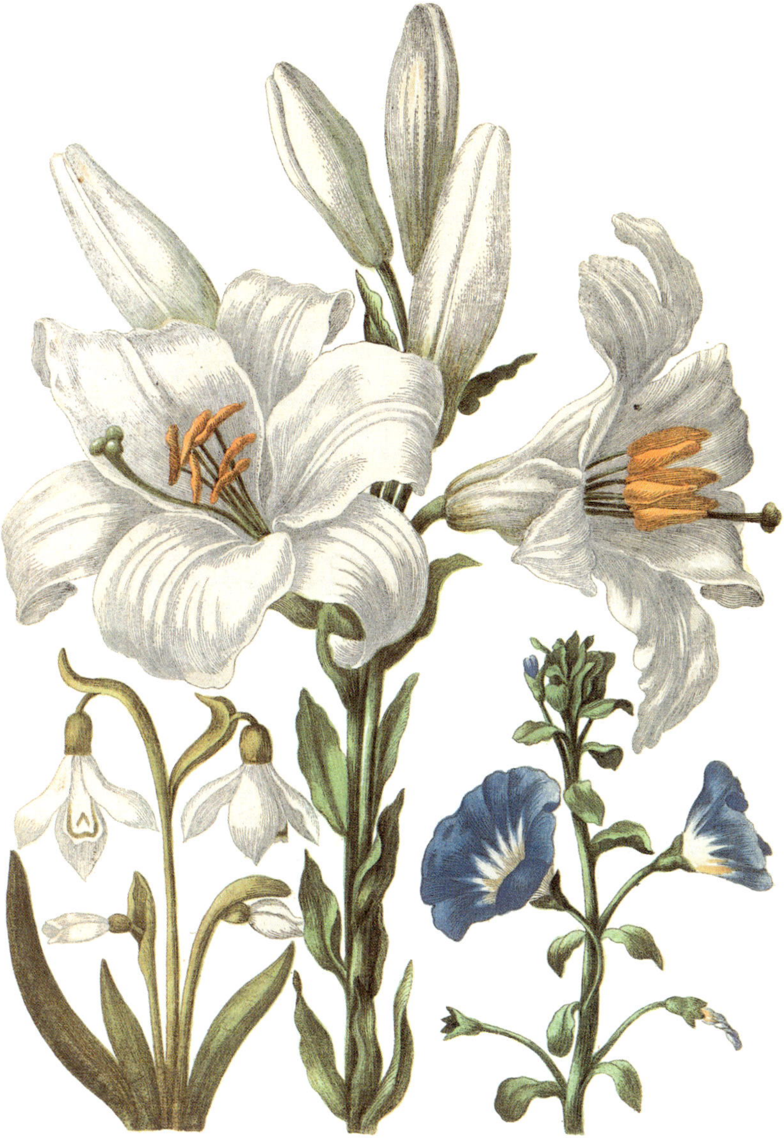

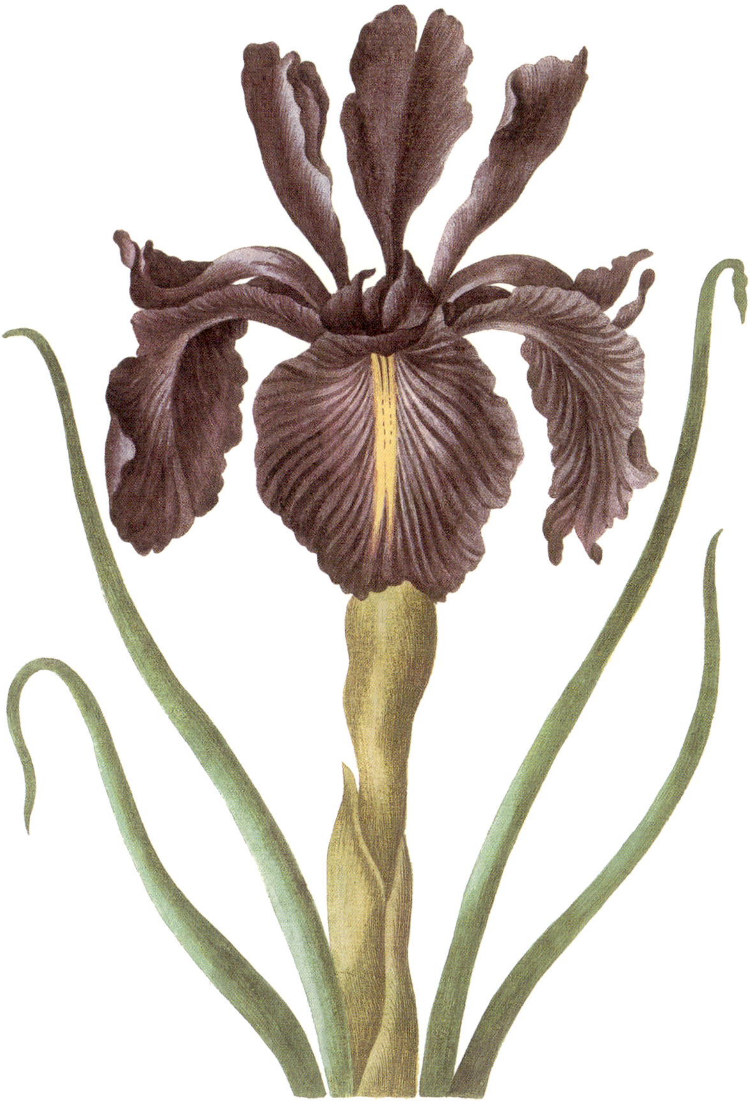

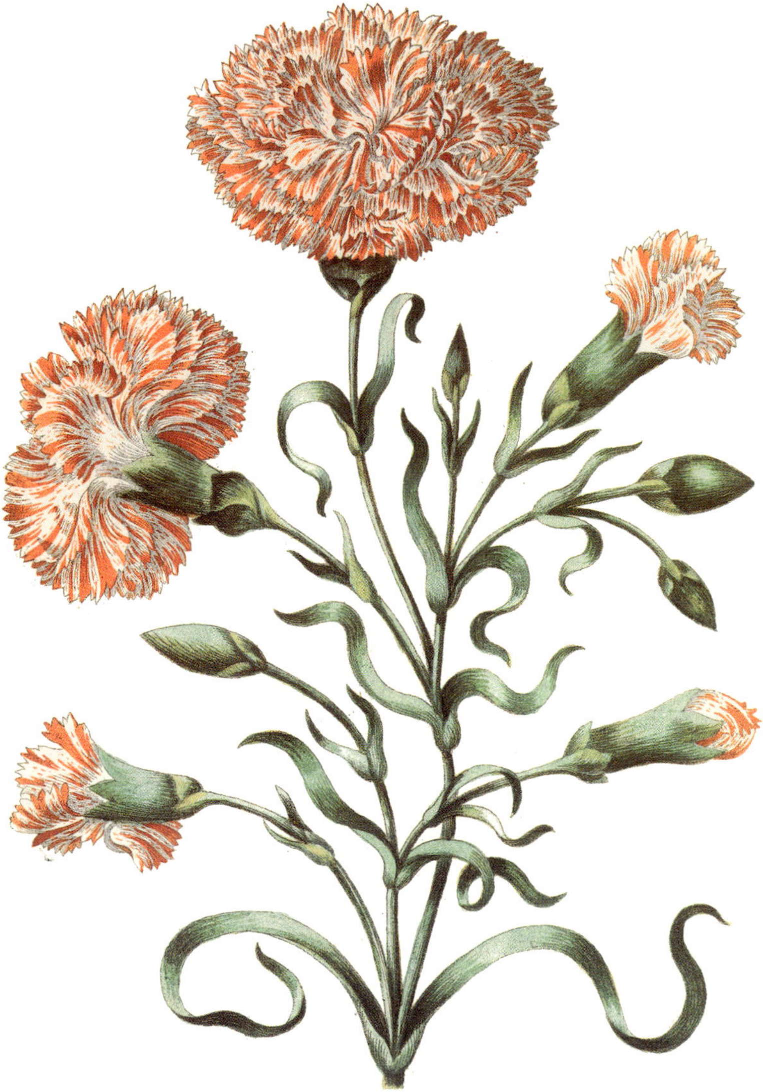

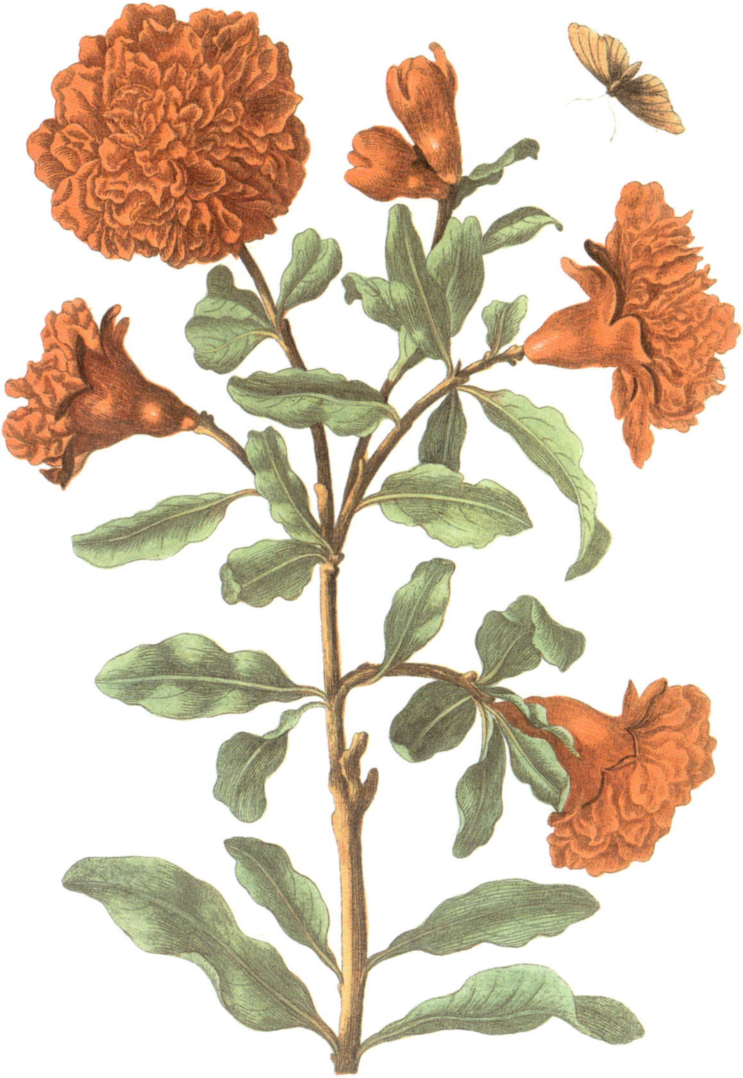

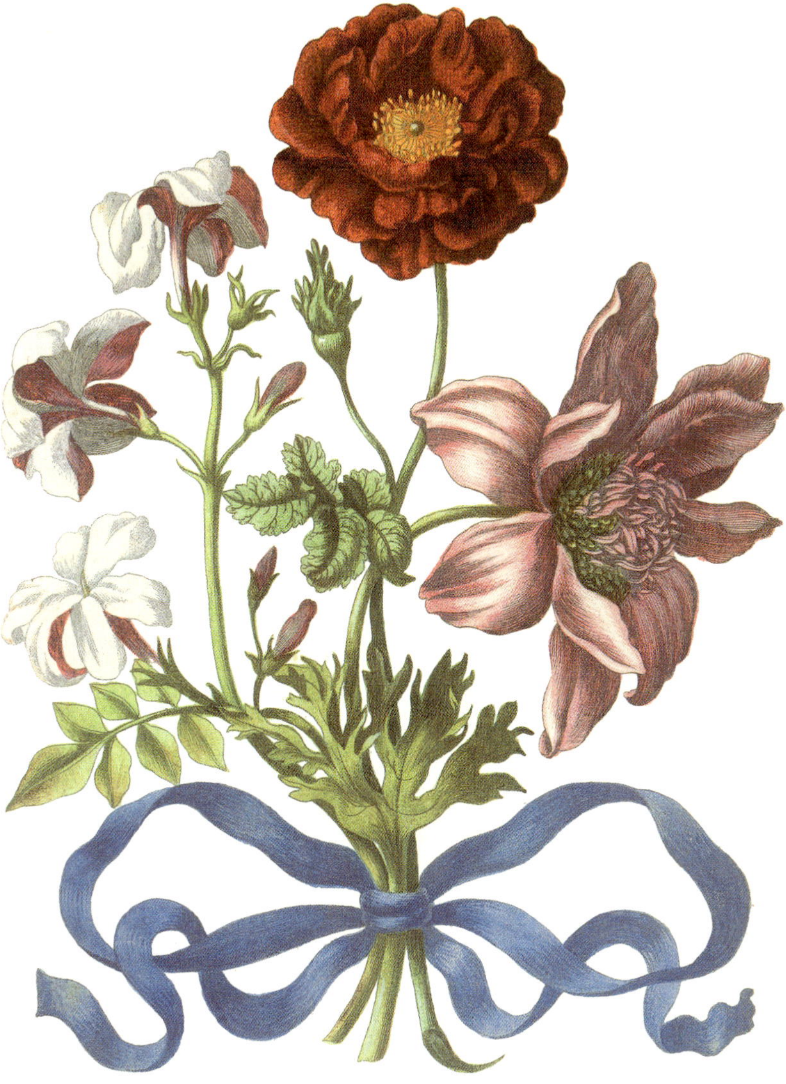

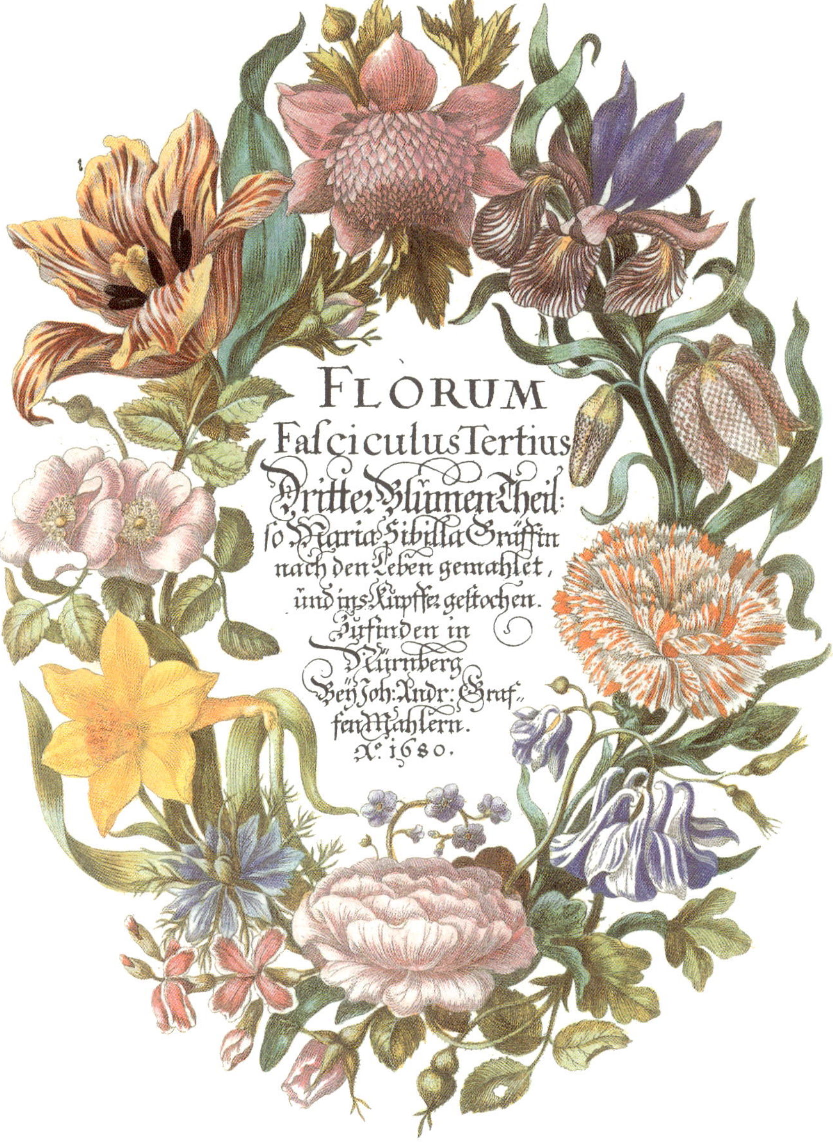
FLORUM
Fasciculus Tertius
Dritter Blumen Theil:
so Maria Sibilla Gräffin
nach den Leben gemahlet,
und ins Kupffer gestochen.
Zu finden in
Nürnberg
Bey Joh: Andr: Graf-
fen Mahlern.
A°. 1680.

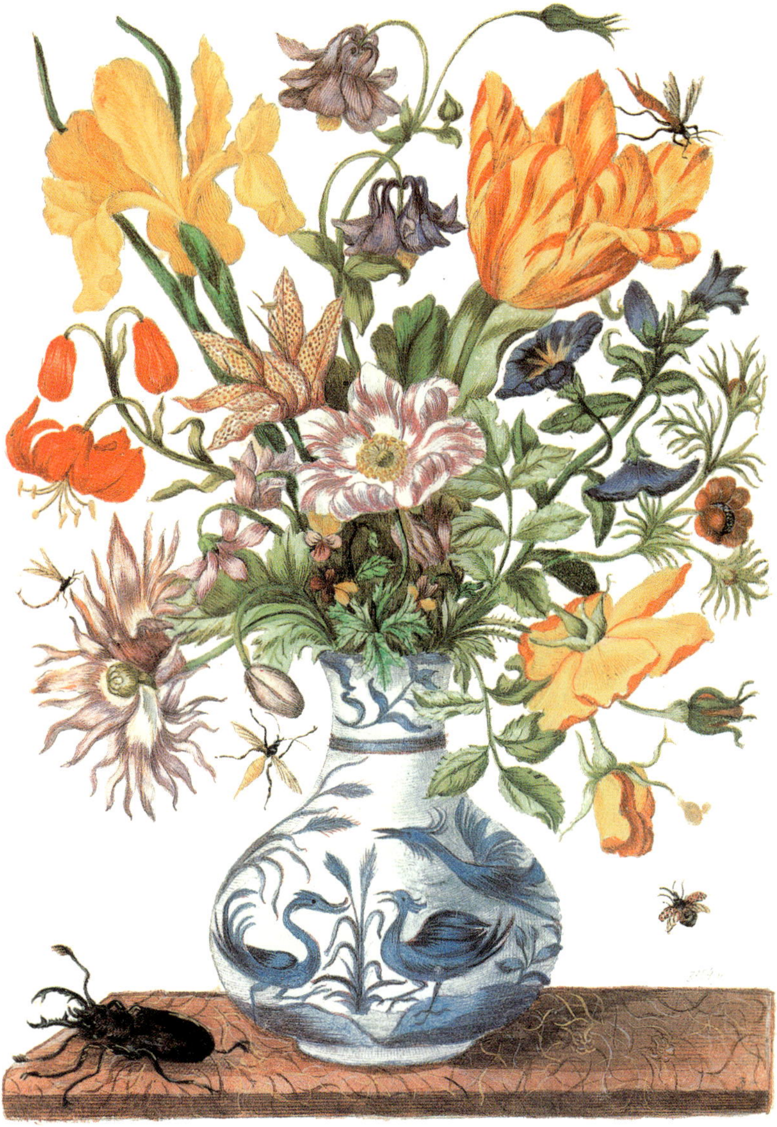

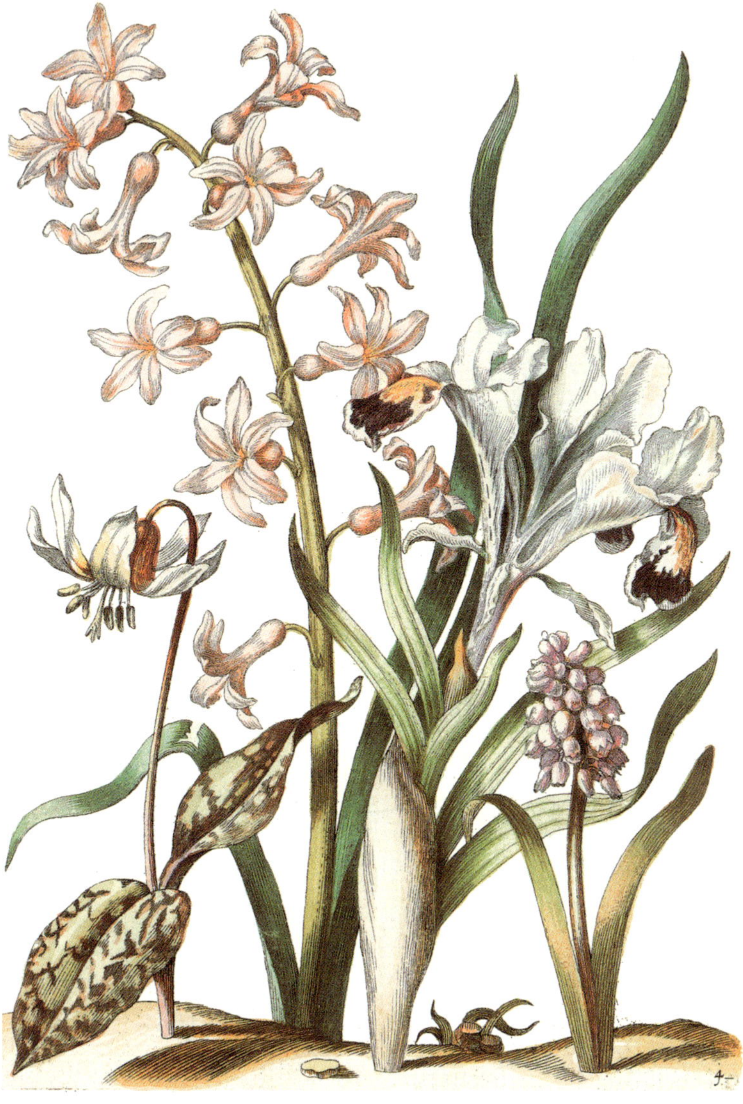
4.

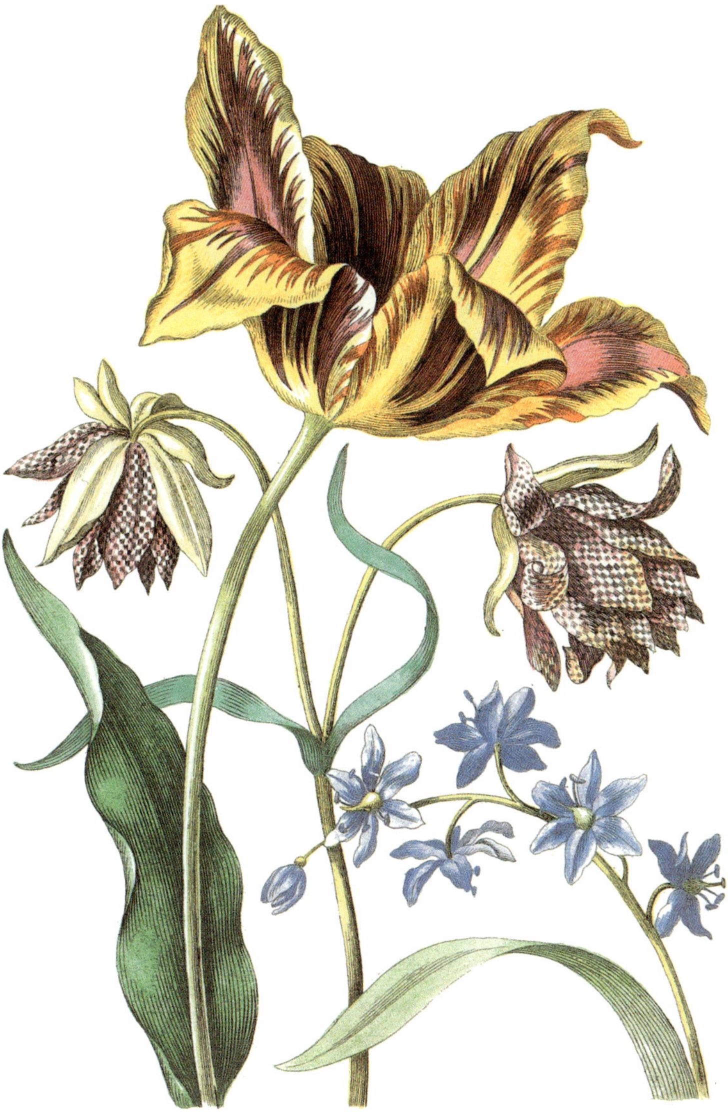

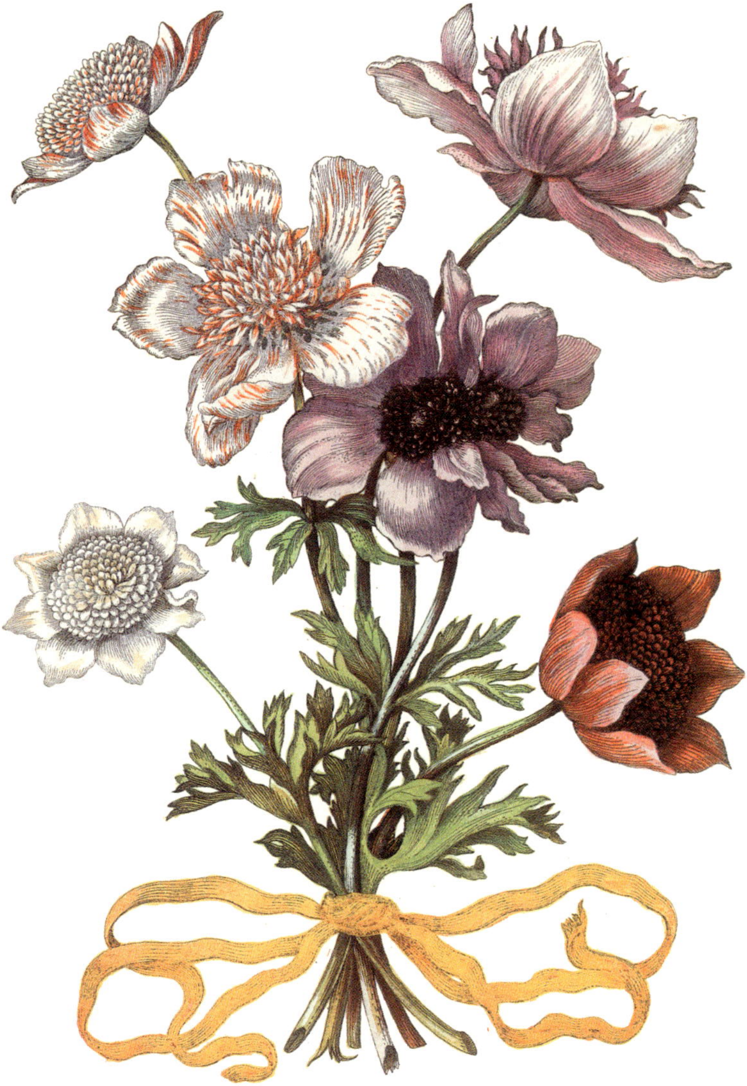

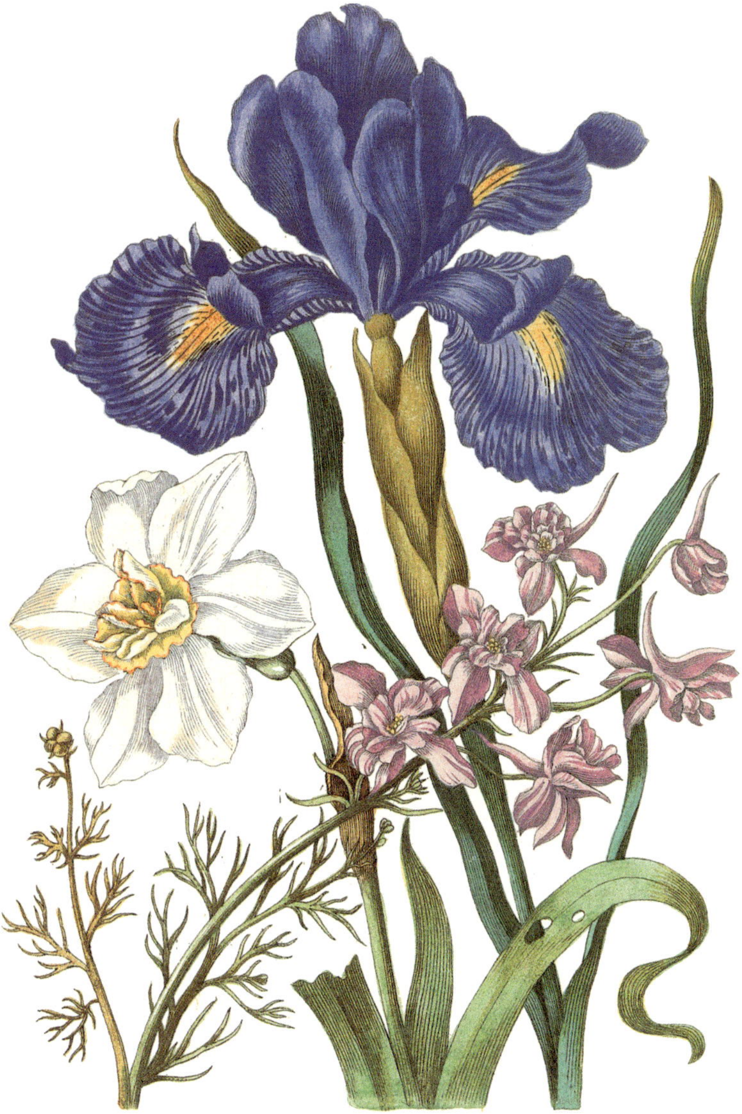

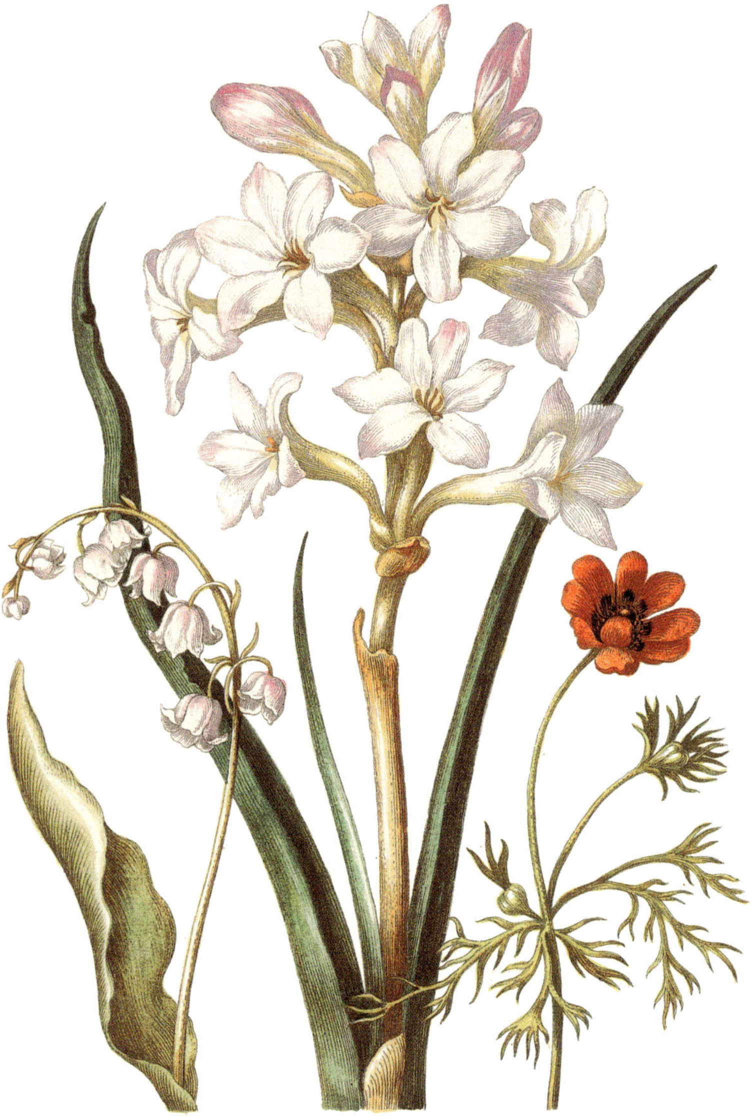

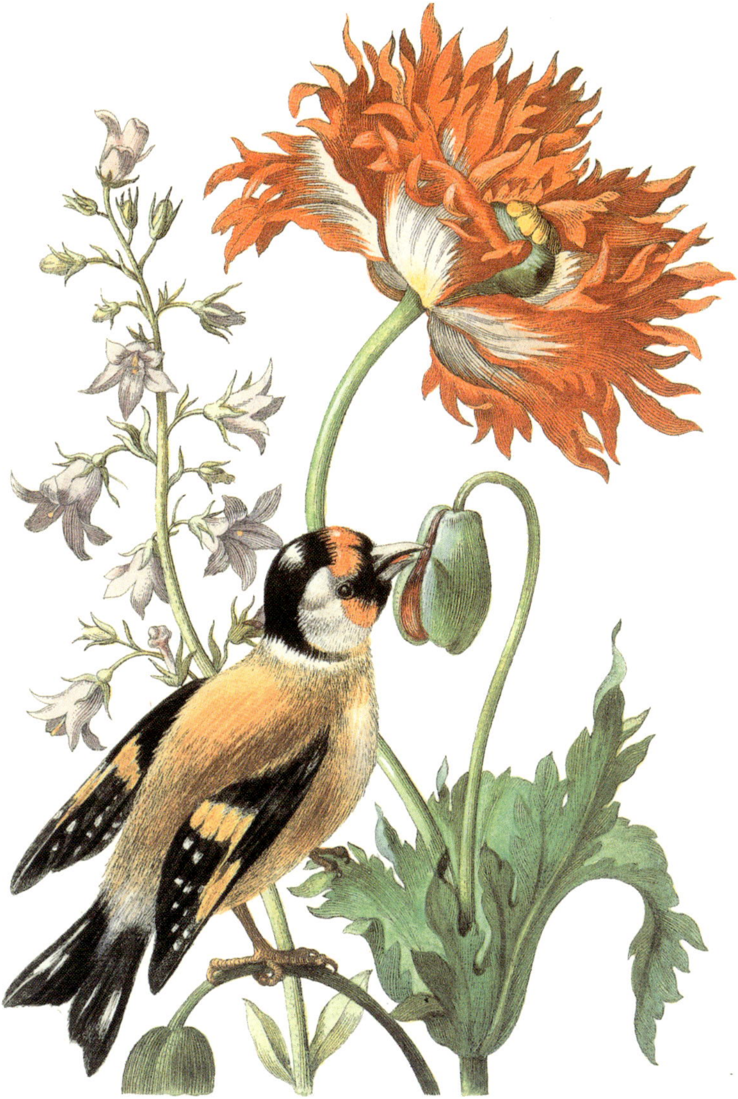

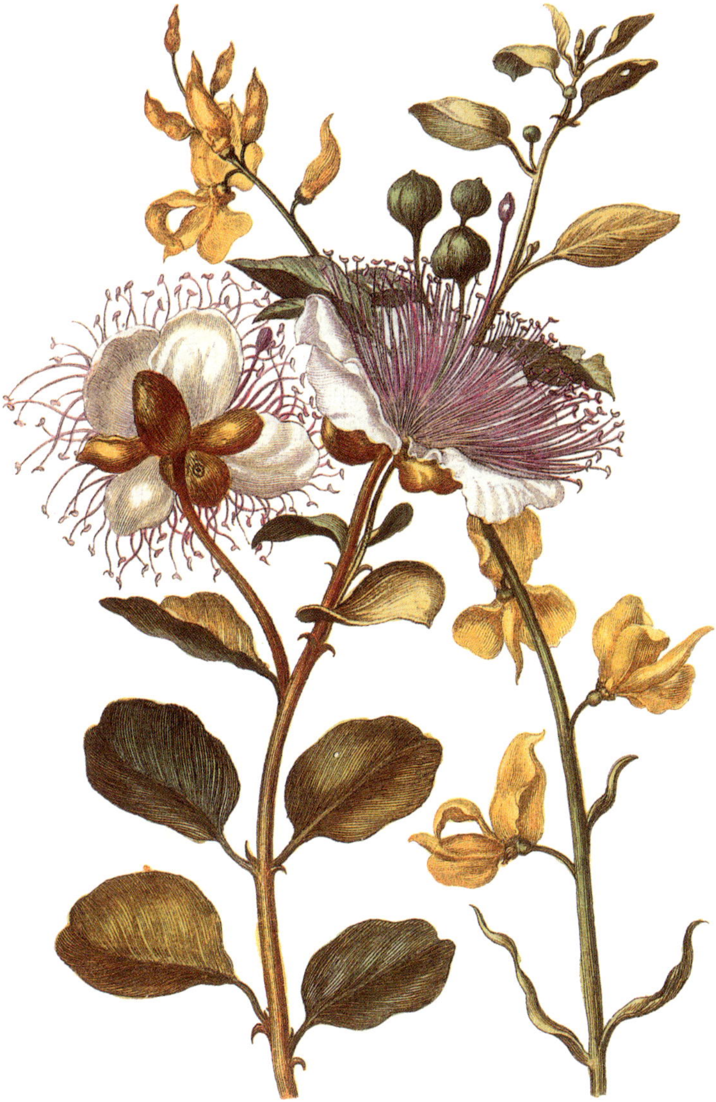

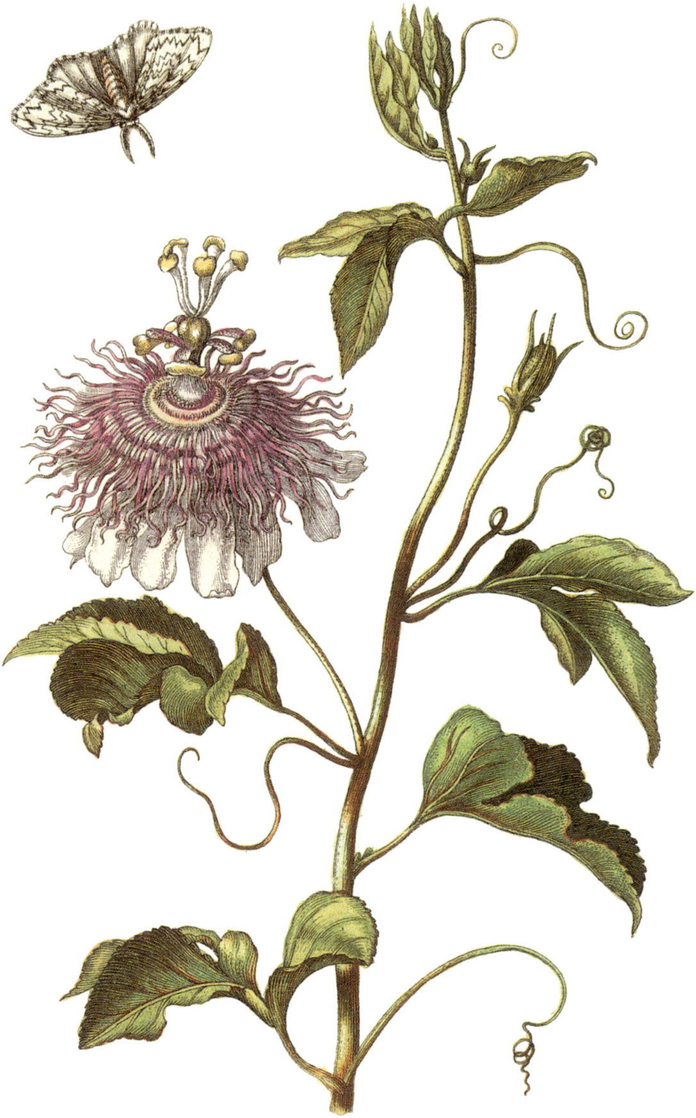

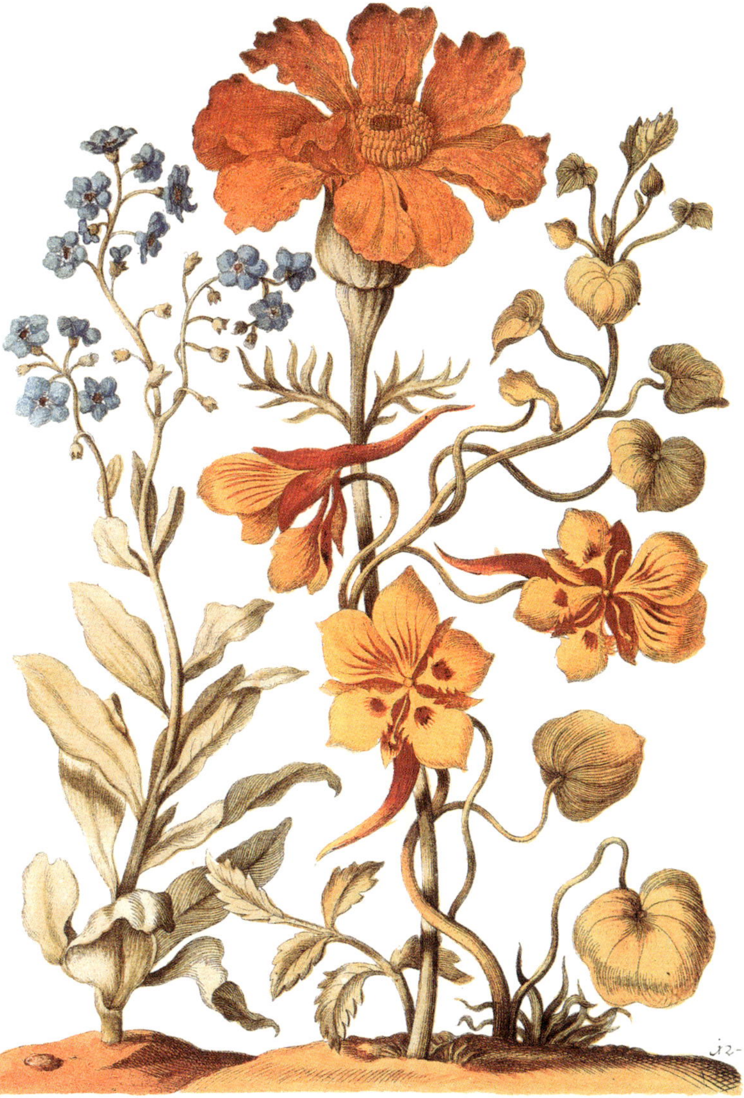
12

HELMUT DECKERT

Maria Sibylla Merians ›Neues Blumenbuch‹

Es gibt in unseren Bibliotheken und Museen Schaustücke, denen ein Zauber innewohnt, dem, unabhängig von jedem Zeitgeschmack, jeder Besucher mehr oder weniger verfällt.

Wem wäre es nicht schon so gegangen, daß er von der überwältigenden Schönheit eines ausgestellten Stückes zutiefst berührt wurde, daß er in stiller Bewunderung durch das Glas der Vitrine Zwiesprache hielt mit dem sich ihm offenbarenden Zeugen einer vergangenen Zeit? Und wer hätte es dann nicht lebhaft bedauert, daß das Vitrinenglas kühl und distanzierend zwischen seiner erwachten Liebe und dem nur eine Seite seines Wesens preisgebenden Objekt seiner Bewunderung stand?

Die moderne Reproduktionstechnik ermöglicht es, solche besonders reizvollen Werke uns zu eigenem Besitz und ständig möglicher Betrachtung in die Hand zu geben. Es mangelt ihnen zwar die Originalität, doch mindern sich dadurch nicht der ästhetische Genuß und die Freude der eigenen Bemühung.

Wenn es ein Werk verdient, aus der Distanz musealer Exklusivität in den Bereich persönlicher Aneignung und Erschließung erhoben zu werden, dann das vorliegende ›Neue Blumenbuch‹ der Maria Sibylla Merian aus dem Jahre 1680. Von seiner ausgewogenen Farben- und Formensprache vollendet schöner Kreatürlichkeit der Blumen und Schmetterlinge, der Vögel und Käfer geht eine heilende und froh machende Wirkung aus, um derentwillen allein schon die Wiedergabe der sechsunddreißig Farbtafeln des Blumenbuches gerechtfertigt wäre.

Eines der schönsten Stücke des sehr selten gewordenen Buches ist das hier zugrunde gelegte Exemplar der Sächsischen Landesbibliothek zu Dresden, dessen duftig zarte, atmosphärisch durchlichtete und geschmackvolle Kolorierung die Hand der Meisterin selbst erkennen läßt.

Mag auch die Kunst der Blumenmalerei im Zeitalter der Farbphotographie nicht mehr die Rolle spielen wie einst, so greift doch auch heute eine anspruchsvolle Buchkunst immer wieder gern zu originalgraphischen Wiedergaben, wie es etwa das Blumenbuch Rudolf Kochs oder die Alpenflora von Josef Weisz demonstriert. Dennoch erreichen wir bei allem Höchststand moderner Reproduktionstechnik nicht das Faszinierende der Blumenbücher und botanischen Prachtwerke früherer Jahrhunderte. Was diesen drucktechnisch abgehen mag, ersetzen sie durch die originalgraphische Leistung und die eigene künstlerische Kolorierung, die dann – wenn es sich nicht um eine Schüler- oder Lohnarbeit handelt – den genialen künstlerischen Duktus verraten, der dem Werk die persönliche, originale Note gibt und das Erlebnis des Mitempfindens beim Besucher auslöst.

Ganz besonders trifft dies auf das Werk Maria Sibylla Merians (1647-1717) zu. Kaum jemals wieder hat eine Blumenmalerin eine so weitgehende und durch die Jahrhunderte anhaltende Beliebtheit und Bewunderung erlangt wie sie. Ihr Ruhm wird nicht verkleinert, wenn die Kunstwissenschaft feststellt, daß die Merian noch nicht im Kulminationspunkt einer bis zur Raffinesse gesteigerten Kunst der Blumendarstellung steht, wie sie etwa bei Rösel von Rosenhof (1705-1759), Georg Dionys Ehret (1708-1770), Nicolaus Joseph von Jacquin (1727-1817) und Pierre Joseph Redouté (1759-1840) erreicht wurde. Es kam ihr nicht auf Raffinesse und artistisch blendende Maltechnik an. Sie wollte auch nicht mit der brillierenden Ölmalerei der zeitgenössischen holländischen Blumen- und Stilleben-Maler konkurrieren, sondern wandte sich in liebevoller Hingabe der Aquarell- und Gouachetechnik der Blumenmalerei zu, in der sie zu unübertrefflicher Meisterschaft gelangte und damit zum Vorbild für alle späteren Spitzenkönner botanischer Buchillustration wurde.

Das, was ihre Bilder so anziehend macht, ist nicht so sehr die kunstvoll stilisierte Note, auch nicht die Großartigkeit der Darstellung, sondern das naturhaft Echte und Schlichte und dabei doch geschickt und dekorativ Zusammengeordnete, jene typisch frauliche Begabung und praktisch-künstlerische Wesenserschließung. Doch kommt sie weniger von der bildenden Kunst als von der Naturbeobachtung her. Sie belauscht die Natur, treibt eigene Forschungen, züchtet jahrelang Raupen, registriert, sammelt, beobachtet, lernt Latein und studiert, begibt sich auf völliges Neuland der Wissenschaft, kämpft gegen tausend Vorurteile und abergläubische Vorstellungen und stellt ihre große künstlerische Begabung allein in den Dienst ihrer Naturforschung. Und das ist für die damalige Zeit geradezu revolutionierend.

Wer die steife und lebensferne Art botanischer Blumendarstellungen des 16. und 17. Jahrhunderts kennt, wer die einfachen Holzschnitte der alten Kräuterbücher und später die rein dekorativen, üppig drapierten Blumengebinde barocken Geschmacks vor Augen hat, die in ihrer Manieriertheit die Entstehung im Atelier und die Herkunft aus dem Herbarium erkennen lassen, der spürt beim Anblick Merianscher Blumendarstellungen ein unerwartetes Fluidum gesunder, naturnaher Frische und lebendiger Duftigkeit, das dennoch nicht aus dem dekorativen Rahmen barocker Kunstauffassung herausfällt.

Wie jeder geniale Mensch war die Merian ihrer Zeit weit voraus und dennoch zugleich ein echtes Kind ihrer Zeit. Das Reizvolle ihrer Persönlichkeit liegt gerade in jener Widersprüchlichkeit, die sich uns nur erschließt, wenn wir zuvor den zeitgeschichtlichen Hintergrund betrachten, vor dem ihr Lebensschicksal sich vollendete.

BAROCK UND AUFKLÄRUNG – DIE UMWELT MARIA SIBYLLA MERIANS

Das Leben Maria Sibylla Merians fällt in das Zeitalter absolutistischer Willkür, die nach dem Dreißigjährigen Krieg, dem Vorbild Ludwigs XIV. folgend, in den deutschen Kleinstaaten zu einer Verherrlichung fürstlicher Macht, zu Pomp und Prachtentfaltung, Verschwendungssucht und Servilität führte. Es ist die Hoch- und Spätzeit barocken Kunst- und Lebensstils, jene Himmel und Erde umspannen wollende widerspruchsvolle Epoche mit der Neigung zum Monumentalen und Repräsentativen. Während das Volk noch schwer an den Folgen des Dreißigjährigen Krieges zu tragen hat, benutzen die feudalen Machthaber die bedrükkende soziale Lage, um sich die von ihnen Abhängigen dienstbar zu machen. Der Krieg hatte in Mitteleuropa 15 000 Dörfer zerstört und die Einwohnerschaft erschreckend dezimiert. Die Bevölkerung Deutschlands sank von 1618 bis 1648 von 17 Millionen auf 8 Millionen, in der Pfalz sogar von 1 Million auf 50 000 Einwohner. Selbst rechtschaffene und angesehene Künstler, wie etwa Matthäus Merian d. Ä., der Vater Maria Sibyllas, gerieten immer wieder in Schulden und sahen sich dann gezwungen, um fürstliche Aufträge zu buhlen. Die beiden fast alleinigen Auftraggeber waren die Fürstenhöfe und die katholische Kirche. Die vorherrschende barocke Kunst ist ohne ihre geschichtlichen Voraussetzungen – die universalen Ansprüche des erstarkenden Papsttums und der Jesuiten, des französischen Herrschertums und der österreichischen Monarchie – nicht zu verstehen. Der Einfluß des gegenreformatorischen Katholizismus und der aus ihm erwachsenden barocken Kunst wirkte aber auch in den protestantischen Ländern, vor allem in Deutschland, sehr stark, begegnete hier jedoch noch einem strengen Klassizismus und einer bürgerlich-realistischen Auffassung, die ihn veränderten. Nur England und Skandinavien blieben vom Barock fast unberührt.

Eine Sonderstellung nahmen die Niederlande ein, die nicht nur als zweites Heimatland der Merian besondere Bedeutung haben, sondern auch für die Erhellung der in der Person der Merian sich manifestierenden Gegensätze jener Zeit überhaupt aufschlußreich sind.

Der erfolgreiche Freiheitskampf der Niederlande von 1568 bis 1648 hatte in diesem Land eine unabhängige und freie Bürgerschaft entstehen lassen, die fern aller absolutistischen Gewaltpolitik und konfessionellen Enge dem wirtschaftlichen und kulturellen Fortschritt diente. Sie verfügte dabei über eine gesunde Assimilationsfähigkeit und zog die widersprüchlichsten Geister in ihren Bann. Bereits im 16. Jahrhundert hatte sich Holland mit dem südwestlichen Deutschland in die Aufgabe geteilt, zwischen französisch-spanischer und deutscher Bildung zu vermitteln. Nach der Befreiung von der spanischen Oberhoheit aber wurde das protestantische Holland Mittelpunkt der europäischen Kultur, Sitte und Mode. Die politische Unabhängigkeit des Landes führte zu einer Blüte von Wissenschaft und Kunst, deren ökonomische Grundlage ein frühkapitalistisches Wirtschaftssystem war. Bei der Amsterdamer Kammer der Niederländisch-Ostindischen Compagnie entwickelte sich die erste börsenmäßige Aktienspekulation, und in der zweiten Hälfte des 17. Jahrhunderts berichtet der ›Holländische Merkur‹, daß es in den Niederlanden 65 500 Personen gebe, die Geld auf Rente ausgeliehen hätten oder solches tun könnten. Während sich der übrige europäische Kontinent von den verheerenden Folgen des Dreißigjährigen Krieges nur mühsam erholte und sich in den Raubkriegen Ludwigs XIV., den Türkenkriegen, dem Spanischen Erbfolgekrieg und dem Nordischen Krieg erneut schwächte, waren die Niederlande bereits so gefestigt, daß sie die gegen ihr Land entfesselten drei englisch-holländischen Seekriege überwinden konnten, ohne sich in ihrem kulturellen Aufbau zurückwerfen zu lassen.

Nach der Vernichtung der Hugenottenkirche in Frankreich durch die Aufhebung des Ediktes von Nantes (1685) strömten auch noch die meist aus Kreisen hoher Bildung und betriebsamen Bürgerfleißes stammenden Kalvinisten vorzugsweise in die Niederlande, so daß der geistige Boden dieses Landes immer fruchtbarer wurde. Die Universität Leyden, an der

Spinoza (1632-1677) wirkte, wurde ein europäisches Zentrum der Wissenschaft. Die Druckkunst gelangte durch die Elzeviers zu einem seit der Inkunabelzeit nicht mehr erreichten Höchststand, und auch die Papiermacherei wurde nun von Holland beherrscht. Dort gelang 1673 die Erfindung des ›Holländers‹, während in dem verarmten Deutschland nicht mehr genügend Hadern und Lumpen für die Papiermühlen aufgebracht werden konnten. Der Papierbedarf ist stets ein Index für die Kultur eines Landes und geht konform mit dem Stand des Buchwesens, der Literatur und der Kunst. Es ist daher nicht verwunderlich, im gleichen Jahrhundert Hollands größtem Dichter, Jost van den Vondel, und seinem größten Maler, Rembrandt, zu begegnen.

Die holländische Malerei des 17. Jahrhunderts fußte einerseits auf der realistischen Tradition der Landschafts- und Genre-Malerei Pieter Brueghels, andererseits auf der Porträtkunst der niederländischen Renaissance. Dazu kamen starke formale Einflüsse aus Italien, von wo das Barock im Anschluß an den monumentalen Stil Michelangelos seinen Ausgang genommen hatte. Die Barockmalerei ist durch die seltsame Dialektik eines klassizistischen Idealismus in der Zeichnung und eines Realismus des Lichtes und der Farbe gekennzeichnet und nimmt damit an den Gegensätzen und Widersprüchen der gesamten Zeit teil, die nie recht zum Ausgleich kamen. Die Antike bot nur noch das äußerliche Muster. Neben einer leicht satirischen, durchaus verstandesmäßigen Gelehrsamkeit stand ein Hang zur Allegorie und zur Metapher. Eifernde Frömmigkeit verband sich mit einer mehr oder weniger offenen Sinnlichkeit. Religiöse Ekstase und heroisch-säkularisiertes Pathos, Jenseitsstimmung und Weltfreudigkeit standen unvermittelt nebeneinander. Eine ausgesprochene Freude an Kraft und Bewegtheit zeigte sich an den bauschenden Gewändern, der Dehnung, Füllung und Schwellung der Formen und am Aufgeben der geraden Linie. Man verzichtete auf Harmonie und Symmetrie und sprengte die Starrheit der Formen. Aller Gefühlsüberschwang wurde äußerlich sichtbar gemacht und entartete allmählich in Übertreibung, Effekthascherei und bloßen Schein.

Symbole des barocken Zeitgeschmackes wurden die Perücke und das Kostüm. Der Kostümierung des Menschen entsprach die Kostümierung der Natur; vor allem in der steifen, architektonischen Gartenkunst, dem unnatürlichen Verschneiden der Bäume und Sträucher und den kuriosen mechanischen Wasserspielereien.

Auch der Pietismus, der als eine Gegenbewegung gegen die dogmatisch erstarrte orthodoxe Theologie entstand und an das fromme Gefühl appellierte, war weithin von einer seltsamen Naturferne gekennzeichnet. Das zeigte sich nicht nur in der Pädagogik, die natürliches Lachen und Spielen verbot, sondern auch an dem führenden Haupt des Pietismus, Philipp Jacob Spener, von dem berichtet wird, er habe den Garten seines Berliner Hauses in vierzehn Jahren nur zweimal flüchtig betreten.

Und doch ist das nur die eine Seite des allgemeinen Zeitbildes. Denn andererseits ist man von einem ungeheueren Drang in die Weite erfüllt. Es ist das Zeitalter der Reiseleidenschaft und der Bildungsreise, der sogenannten Peregrinatio academica. Nicht nur der lebhafte Welthandel und die Verbindung mit den Kolonialländern stützten das Reisefieber, sondern auch der christliche Missionseifer eines August Hermann Francke und später der Herrnhuter. Dazu gesellte sich die beginnende wissenschaftliche Erforschung fremder Völker, Kulturen, Tiere und Pflanzen.

Schließlich bereitete sich in dieser gärenden, widerspruchsvollen Epoche die Geburtsstunde der Moderne vor, denn sie führte in die Aufklärung hinein. In allen europäischen Ländern kam es nicht nur zu einer zunehmenden Vereinheitlichung künstlerischer Formensprache, sondern auch zur Entdeckung der Natur und ihrer Gesetze. Neben dem schon genannten Spinoza standen bereits die ersten Vertreter neuzeitlicher naturwissenschaftlicher Interpretation und geistiger Toleranz, wie Leibniz, Newton und Thomasius.

Die Lebensdaten von Leibniz (1646-1716) differieren mit denen der Merian (1647-1717) nur um ein Jahr. Es ist sehr fraglich, ob die Malerin die Werke des gleichaltrigen Philosophen gekannt hat, aber ihre Weltanschauung steht seiner Naturerkenntnis näher als den naturfernen Spekulationen der meisten zeitgenössischen Professoren und konfessionell erstarrten Theologen. Offenbarung und Vernunft sind für sie niemals Gegensätze gewesen. Sie verband eine pantheistische Naturfrömmigkeit mit wissenschaftlich exakter Forschung. Es gelang ihrer genialen Persönlichkeit, die Dialektik des Jahrhunderts, jene doppelte Beheimatung in himmlischer Entrückung und erdnaher Sinnenfreude, in einer echten Complexio oppositorum in sich zu vereinigen.

Sie ist – auch als Künstlerin – von vielen Auffassungen beeinflußt und geprägt worden, aber von keiner abhängig gewesen. Was allein dieses Erhalten der Selbständigkeit und mühsam erkämpften Freiheit für eine alleinstehende Frau im 17. Jahrhundert als Persönlichkeitsleistung bedeutet, kann unser Zeitalter der gleichberechtigten Frau kaum ermessen. Auch hier ein offensichtlicher Beginn der Moderne. Der Pietismus war weithin Wegbereiter der Emanzipation der Frau; und in der Tat setzte die wissenschaftliche Tätigkeit der Frau seltsamerweise in Kreisen ein, die sich konventikelhaft von der bösen Welt separiert hatten.

Eine Vorläuferin der Merian in der niederländischen Kolonie der Labadisten, jener mystisch verzückten Sekte, der sich auch Maria Sibylla eine Zeitlang angeschlossen hatte, war die auf allen Gebieten der Wissenschaft beschlagene Anna Maria Schurman, die man den ›Stern von Utrecht‹, die ›holländische Minerva‹ und die ›zehnte Muse‹ genannt hat. Ihr gegenüber, die all ihr wissenschaftliches Dilettieren in ein brillierendes frommes Licht tauchte, im Alter jedoch völlig aufgab, wirkt die Merian viel schlichter und echter. Sie will nie mehr scheinen, als sie ist, bleibt stets sachlich, wird trotz allen Studierens kein Blaustrumpf, freut sich bis an ihr Lebensende an der Wissenschaft, weiß sich aber in echter Herzensfrömmigkeit und weiser Selbstbescheidung eingebettet in Naturordnungen, denen sie in einer an Franziskus von Assisi oder Matthias Claudius gemahnenden kindlichen Ehrfurcht ihre Bewunderung zollt.

LEBEN UND WERK DER MARIA SIBYLLA MERIAN

Quellen

Das interessante Leben der Künstlerin hat ähnlich dem der ihr geistesverwandten botanischen Forschungsreisenden Amalie Dietrich zweihundert Jahre später immer wieder dazu angeregt, es literarisch zu gestalten. Es entstanden zahlreiche Romane und erzählende Lebensbilder über sie, häufig von Frauen verfaßt, die mit feinem psychologischen Einfühlungsvermögen versuchen, die ›weißen Flecke‹ auf ihrer biographischen Lebenskarte phantasievoll zu erschließen.

Daneben gibt es eine Fülle kurzer Gedenkartikel und Lebensabrisse, die meist recht sorglos mit dem Quellenmaterial umgehen und bei näherer Prüfung erkennen lassen, wie falsche Titel, Namen und Zahlen aus älteren Veröffentlichungen übernommen und aufs neue zitiert werden und wie über die bereits den Biographen des 17. und 18. Jahrhunderts bekannten wenigen Fakten hinaus nichts wesentlich Neues ausgesagt wird. Außerdem stehen die meisten dieser Aufsätze in recht unbekannten und schwer aufzutreibenden Fachzeitschriften, so daß es gar nicht so einfach ist, über die spärlichen Angaben lexikalischer Nachschlagewerke und Kunstgeschichten hinaus sich über ihr Leben und Werk einwandfrei zu orientieren. Wohl existieren solide Spezialarbeiten über einzelne ihrer Werke; doch fehlt es an einer gründlichen wissenschaftlichen Gesamtkonzeption. Am nächsten kommt dieser das ausgezeichnete Buch ›Verborgen Paradijzen‹ der Holländerin J. Stuldreher-Nienhuis (1944), das trotz des teilweise erzählenden Charakters das einschlägige Archivmaterial ausgewertet hat und besonders für die Amsterdamer Zeit der Maria Sibylla einen vorzüglichen wissenschaftlichen Anmerkungsapparat bringt, den sie weitgehend der Bibliothekarin Johanna Scheffer verdankt.

Es sei daher im folgenden versucht, einen Lebensabriß zu geben, der sich an die verstreuten Fakten der Merian-Literatur und ihre Quellen hält, phantasievolle Ergänzungen vermeidet oder sie als Hypothesen kenntlich macht, die ruhmvolle Geschichte des Merianschen Elternhauses mit einschließt und den Schwerpunkt auf die in Deutschland verbrachten Jahre der Merian legt, in die das Erscheinen des Blumenbuches fällt. Alles, was zur Geschichte, Entstehung und Wertung des Blumenbuches selbst zu sagen ist, wird in einem abschließenden Kapitel besonders zusammengefaßt.

Das Erbe des Vaters Matthäus Merian d. Ä.

Um Wesen und Werk Maria Sibyllas voll zu erfassen, genügt es nicht, mit ihrer Geburt zu beginnen; denn was in ihr Gestalt gewonnen hat, ist das gesättigte Ergebnis einer ruhmvollen, kultivierten Familiengeschichte, deren jahrzehntelang gewachsene Begabungen sich in ihr wie Strahlen in einem Brennspiegel trafen.

Schon ihr Großvater, Walther Merian († 1617), Ratsherr in Basel, gehörte zu einer hochgeachteten Schweizer Familie, die im wissenschaftlichen und künstlerischen Leben der Stadt tonangebend war.

Ihren Vater, Matthäus Merian d. Ä. (1593-1650), verlor sie bereits im Alter von drei Jahren. Er hat sie in ihrer Ausbildung nicht mehr formen und unterrichten können, aber es ist in vielerlei Hinsicht unübersehbar, daß sie von ihm einen großen Teil ihres Charakters, ihrer Begabung und Veranlagung geerbt hat. Vor allem sind es der stetige, durch nichts von seinem Ziel abzubringende emsige Fleiß, die korrekte Werktreue und das hingegebene Naturinteresse, die wir bei der Tochter wiederfinden. Auch bei ihr steht das malerische Talent vor dem zeichnerischen, und sie gleicht ihrem Vater ebenso in der ruhigen, anspruchslosen Art der Darstellung wie in der absoluten Sicherheit der Beherrschung der Kupferstichtechnik. Ihr Werk hat nachträglich den zwar nicht belegbaren, aber wohl doch authentischen Ausspruch des sterbenden Merian gerechtfertigt und bestätigt: »Ach nein, ganz wird mein Andenken nicht untergehen, denn man wird einst sagen: ›Das ist Merians Tochter.‹«

Es ist hier nicht der Ort, Leben und Werk Merians d. Ä. ausführlich zu würdigen. Doch erfordert die starke Bezogenheit der Tochter auf den Vater, wenigstens die wichtigsten Leistungen dieses Lebens festzuhalten.

Bereits als junger Mann ganz der Kunst hingegeben, ging der Dreizehnjährige in Zürich bei dem Maler und Stecher Dietrich Meyer in die Lehre, von dem er eine neue Art des Radierens erlernte, den sogenannten ›Meyerschen Ätzgrund‹. Nach kurzem Aufenthalt in seiner Vaterstadt Basel, wo inzwischen die Pest Einzug gehalten und den Kreis seiner Familie dezimiert hatte, begab er sich 1613 auf eine mehrjährige Gesellenwanderung, die ihn nach Straßburg, Nancy, Châlons-sur-Marne, Troyes und Paris führte. Hauptergebnisse dieser Reise waren Kupferstiche für die Exequien des 1608 verstorbenen Lothringerherzogs Karl III., die im Atelier von Friedrich Brentel in Straßburg entstanden, und ein reizvolles Skizzenbuch, das sich mit immer vollkommneren Stadtansichten füllte. Nach der Rückkehr aus Paris finden wir Merian 1615 wieder in Basel, von wo aus er eine Studienreise nach Italien antreten will, die er aber bereits in Chur abbrechen muß, da die Alpenpässe wegen Ausbruchs der Pest geschlossen werden. So wendet er sich nach Norden und arbeitet in Augsburg im Atelier Lukas Kilians und später wieder bei Brentel in Straßburg.

Außer einem sehr selten gewordenen Büchlein ›Italienische Grotesken‹, das er 1616 in Augsburg herausbrachte, sind diese Jahre unbefriedigend und auch unrühmlich für ihn, da er immer wieder um fürstliche Auftragsarbeiten buhlen mußte, die ihm gar nicht lagen und von ihm daher auch nur mit lustloser handwerklicher Routine ausgeführt wurden. Das gilt besonders für die 79 Kupferstiche zu den pompös aufgezogenen ›Kindstauffs-Solemnitäten‹ eines württembergischen Prinzen, die er in Gemeinschaftsarbeit mit Georg Thonauer in Stuttgart herstellte.

Daß Merian viel mehr konnte als die allegorischen Stiche des Tauffestzuges, beweist sein Skizzenbuch, das sich gerade in dieser Zeit um natürlich empfundene, freundliche Landschaftsstudien aus der Stuttgarter Umgebung bereicherte.

Die Berührung mit dem württembergischen Hof hatte Merian gezeigt, daß an den Fürstenhöfen deutsche Kunst praktisch gar nicht mehr in Erscheinung trat und in allen Fragen künstlerischer Gestaltung die Niederlande dominierten. So zog es ihn mit Macht nach Holland. Ohne den Einfluß der niederländischen Malerschule ist keines der kunstausübenden Glieder der Familie Merian zu verstehen. Bei Merian d. Ä. tritt dies noch am geringsten in Erscheinung; doch empfängt er von dort zweimal völlig neue Impulse für sein künstlerisches Schaffen. Bei seinem nur kurzen Aufenthalt in Antwerpen fühlt er sich mehr von der älteren feinen und zarten flämischen Landschaftsmalerei Jan Brueghels und Sebastian Vrancx' angeregt als von der Monumentalmalerei Rubens'.

Die zweite Berührung mit der niederländischen Malerei erfährt er bald darauf in Deutschland. Er beabsichtigte erneut, nach Italien zu gehen, blieb aber 1617 in Oppenheim am Rhein hängen, wo ihm Johann Theodor de Bry, der dort als Verleger, Buchhändler und Kupferstecher wirkte, die Mitarbeit an einem großen Reisewerk über Ost- und Westindien anbot. In dieser Zeit lernte er in dem nahe gelegenen Frankenthal eine vor der spanischen Inquisition geflohene holländische Malerkolonie kennen, deren Begründer der Antwerpener Landschaftsmaler Gillis van Coninxloo war. Maria Sibyllas späterer Stiefvater, Jacob Marrell, stammte übrigens auch aus Frankenthal.

In Oppenheim verliebte sich Merian in die hübsche Tochter de Brys, Maria Magdalena, heiratete sie im Jahre 1617 und rückte zum Geschäftsteilhaber auf. Eine schöne, gesicherte Zukunft schien vor dem jungen Paar zu liegen. Da brach der Krieg aus, der dreißig Jahre lang Deutschland verwüstete und bis an den Rand des Abgrunds brachte. Nach der Geburt des ersten Kindes (Susanna Barbara, deren Enkel, Jacob Christoph Le Blon, der Erfinder des Vierfarbendruckes werden sollte) wurde das Oppenheimer Unternehmen aufgegeben, de Bry zog sich in sein Stammgeschäft nach Frankfurt zurück, das junge Paar aber siedelte nach Basel über. Hier verbrachte Merian fünf Jahre stiller, hingebender Arbeit, vielleicht die ungetrübteste, wenn auch nicht schöpferischste Zeit seines Lebens. Mit dem Verleger Peter Aubry gab er reizende Landschaftsbilder südwestdeutscher und schweizerischer Städte heraus, die einen Stilwandel erkennen lassen. Er löst sich aus der von der Frankenthaler Schule her stammenden gemütvollen Kleinmalerei los und beginnt, in ruhiger, breiter Lichtführung Stimmungslandschaften zu radieren, die an die Kunst eines Claude Lorrain heranreichen. Nach der Geburt seines Sohnes Matthäus, der später als Merian d. J. noch berühmter als sein Vater werden sollte, und der Geburt eines zweiten Töchterchens (Margarethe) erhält er die Meldung vom Tode seines Schwiegervaters in Frankfurt. Er entschließt sich, trotz der Unbilden der Zeit die Nachfolge im ausbaufähigen Frankfurter Verlagsunternehmen anzutreten, und übersiedelt im Winter 1624/25 nach Frankfurt am Main.

Damit kommt er in die wohl bedeutendste der vier Freien Städte des damaligen Deutschen Bundes. Frankfurt verdankte seinen Aufstieg als internationales Handelszentrum einmal der spanischen Unterdrückung Hollands im 16. Jahrhundert, wodurch ein Teil des Antwerpener Handels auf Frankfurt als Ausweichplatz übergegangen war, zum anderen seiner geographisch günstigen Mittlerstellung zwischen Italien und Oberdeutschland auf der einen und Hamburg, den Niederlanden und England auf der anderen Seite. Frankfurts Bedeutung lag durchaus nicht nur in seiner berühmten Buchhandelsmesse und dem nicht abreißenden schwunghaften Warenverkehr, sondern nicht minder in seiner Rolle als Geld- und Wechselmarkt. Im Jahre 1627, also in jener Zeit, als sich Merian in Frankfurt etablierte, hatte der führende Bankier Frankfurts, Johann von Bodeck, bei Fürsten und Städten über 200 000 Taler ausstehen und genoß damit das Ansehen eines kleinen Fugger. Es ist nur zu verständlich, daß diese Stadt des internationalen Handelsverkehrs den günstigsten Boden für das Entstehen und den Vertrieb von Kunstwerken bot und sich hier die wenigen Barockmaler Deutschlands konzentrierten: Philipp Uffenbach (1566-1636), Joachim von Sandrart (1606-1688), Wenzel Hollar (1607-1677) und der später in Rom wirkende Philipp Roos (1651-1704).

Aus der zurückgezogenen Arbeit in Basel reißt der große merkantile Kunstbetrieb Frankfurts Merian nun in ein Leben der Repräsentation und eines sich trotz des Krieges allmählich einstellenden Wohlstandes. Bei allem kaufmännischen Geschick, das er entwickelte, blieb er aber der unermüdlich selbst arbeitende, korrekte und verantwortungsbewußte Künstler, der wußte, wie schwer und dornenreich der Weg zum Ruhm ist. Ihm ging jener Zug arroganter Verwöhnung ab, der später Matthäus Merian d. J. eigen war, wie dies häufig bei Söhnen reicher und berühmter Väter zu beobachten ist. Doch neigte auch er stets zum Konformismus, der ihn mehr nach der Wirkung als nach der schöpferisch natürlichen Eigenart fragen ließ – ein Wesenszug, den man bei Maria Sibylla vergeblich suchen wird.

Die Fülle der in Frankfurt in Angriff genommenen und teilweise nebeneinander laufenden Verlagsunternehmen kann hier nur summarisch angedeutet werden. Zu Beginn stehen seine Illustrationen zur Bibel, die trotz mancher Plagiate aus Holzschnitten Holbeins Generationen entzückt und sogar noch den jungen Goethe begeistert haben. Ihnen folgen Kupferstiche zur ›Beschreibung der führnehmbsten Geschichten, so sich von Anfang der Welt biß auff unsere Zeiten zugetragen‹, eine Weltchronik Johann Ludwig Gottfriedts (Pseudonym für Johann Philipp Abelin), Stiche zu dem Schäferroman ›Arkadia‹ von Philipp Sidney und schließlich das vielbändige ›Theatrum Europaeum‹, dessen erster Band 1635 erschien, dessen letzter (21.) Band aber erst ein Jahrhundert später (1738) seinen Abschluß fand.

Der Dreißigjährige Krieg hatte erstaunlich lange die Stadt Frankfurt verschont. 1631 wurde sie aber von Gustav Adolf erobert. Nach dessen Tod und Wallensteins Ermordung bemächtigte sich Kaiser Ferdinand erneut der Stadt und verwüstete sie. Hungersnot und Pest taten ein übriges und trieben in dem Schreckensjahr 1635 die verzweifelten und entmenschten Einwohner bis zum Kannibalismus, dem Merians Sohn, der nachts in eine ausgelegte Schlinge geriet, beinahe zum Opfer gefallen wäre.

Es gehörte in dieser Zeit schon ungewöhnlicher Mut dazu, nicht nur die zahlreichen Verlagsvorhaben weiterzuführen, sondern ausgerechnet in der schlimmsten Notlage ein Unternehmen ins Werk zu setzen, das seinen Namen bis zum heutigen Tag lebendig erhalten hat: die Herausgabe der Merianschen Topographien. Der Drang des Barock, fremde Länder und Städte kennenzulernen und im Bilde festzuhalten, hatte bereits im 16. Jahrhundert Sebastian Münster zu seiner ›Cosmographia‹ und Georg Braun und Franz Hogenberg zur ihrer ›Beschreibung und Kontrafaktur der vornehmsten Städte der Welt‹ (1572 ff.) angeregt. An den gewaltigen Erfolg dieser Werke knüpfte Merian an und begann von 1642 an seine ›Topographien‹ erscheinen zu lassen, die von seinen Söhnen bis 1688 fortgeführt wurden und zuletzt 31 Teile mit 92 Karten, 1486 Kupfertafeln und 2142 einzelnen Ansichten umfaßten.

Mit großem verlegerischen Geschick gab er 1638 als Auftakt des großen Werkes zunächst seine sehr sorgfältig von ihm allein ausgestattete ›Archontologia Cosmica‹, eine Beschreibung aller Fürstentümer der Welt, heraus und prüfte damit die Absatzmöglichkeiten. Als durch die Rückschläge des Krieges sein Schwager Wilhelm Fitzer seinen Betrieb eingehen lassen mußte, ließ sich Merian auch dadurch nicht entmutigen und führte nun sein Geschäft völlig selbständig in der alten Tradition – mit dem Firmenzeichen des Storches mit der Schlange im Schnabel und der Devise ›Pietas contenta lucratur‹ – weiter.

Noch vor dem Erscheinen des ersten Bandes der Topographien gab Merian eine Neuausgabe des Blumenbuches seines Schwiegervaters Johann Theodor de Bry unter dem Titel ›Florilegium renovatum et auctum‹ 1641 heraus, die das große Vorbild für das ›Neue Blumenbuch‹ der Maria Sibylla werden sollte.

Seine verlegerische Glanzleistung aber wurden die ›Topographien‹. Man dürfte heute kaum irgendeine deutsche Stadtgeschichte in die Hand nehmen, die nicht als Wiedergabe historischer Ansichten einen Stich aus den Merian-Zeillerschen Topographien übernommen hätte; und seit einigen Jahren erscheinen sämtliche Topographien in Neudrukken. Unsere Zeit ist sich der enormen Leistung und kulturhistorischen Bedeutung Merians d. Ä. wieder voll bewußt, und man liest nur mit Kopfschütteln das vernichtende Urteil von Quandt in seiner ›Geschichte der Kupferstecherkunst‹ (Leipzig 1826): ›Merian gab sich mit Prospecten ab, die er bald geschmacklos mit Fabelbildern, bald mit Allegorien ausstaffirte und mit diesem Bilderkram die Welt anfüllte.‹

Sicherlich hat die Kunstkritik mit Recht festgestellt, daß die früheren Arbeiten Merians ein höheres künstlerisches Niveau aufweisen als die Topographien und daß hier der Künstler dem Geschäftsmann habe weichen müssen. Doch vergißt man dabei, daß es bei einem derart riesigen Gemeinschaftswerk, wie es die Topographien darstellen, gar nicht anders möglich war, als zum Teil mit fremden, von fern her gesandten Vorlagen zu arbeiten, die miteinander kombiniert werden mußten. Auch frage man sich, wie bei einer auf viele Kräfte verteilten, unumgänglich routinemäßigen Werkstattarbeit die geforderte minutiöse Arbeitstechnik und der künstlerische Elan überhaupt in Erscheinung hätten treten können. Dieser mußte allein schon durch die psychische Depression infolge des nicht enden wollenden Krieges leiden.

Dazu kam noch, daß Merian gerade im Anlauf seiner Unternehmung (1645) der schwerste Schicksalsschlag seines Lebens traf: der Tod seiner Frau Maria Magdalena, die ihm in Frankfurt noch fünf Kinder geschenkt hatte. Von dieser Zeit an begann er zu kränkeln. Da sein großer Haushalt dringend einer hausfraulichen Leitung und Betreuung bedurfte, verheiratete er sich noch vor Beendigung des Trauerjahres ein zweites Mal. In einem Brief an den Rat der Stadt Frankfurt bittet er um die Erlaubnis einer stillen Hochzeit in seinem Haus, ›dieweyl bey seines Leibes Uhnpesslichkeit und hohes Alter und bey diesem Schnee- und eyßkalten Winterwetter zu Kirchen undt Straßen zu gehen und so lang in der Kälte zu seyn, seine Constitution nicht erleiden wolle‹.

Während alle Biographen Merians den Namen seiner zweiten Frau mit Johanna Sibylla Heiny angeben, weist J. Stuldreher die Namensform Johanna Catharina Heim nach und stellt fest, daß sie die Tochter Gangolph Heims, eines Rentmeisters des Grafen von Wied, gewesen sei und bei ihrem Bruder, dem niederländischen Prediger Wilhelm Christoph Heim in Hanau, gewohnt habe.

Am 27. Februar 1646 verband sich Matthäus Merian mit ihr und führte sie in sein Frankfurter Haus. Von den Kindern aus erster Ehe befanden sich nur noch Caspar, der unentbehrliche und gewissenhafte Stecher der Stadtansichten, Maria Magdalena und Joachim, der spätere Stadtphysikus von Frankfurt, im Elternhaus. Der Sohn Matthäus, der bei dem berühmten Joachim von Sandrart, dem Herausgeber der ›Teutschen Academie‹, gelernt hatte, war längst ausgeflogen und hatte sich in Amsterdam, London, Antwerpen, Paris und Rom, wo er die bedeutendsten Künstler seiner Zeit zu Freunden gewann, einen geachteten Namen als Kupferstecher und Porträtmaler erworben. Reich, verwöhnt und vom Glück begünstigt, erhielt er die lukrativsten Porträtaufträge fürstlicher Personen und konnte es sich leisten, für ein Gemälde 5000 Taler zu verlangen. Ihm war das altbürgerliche, einfache Haus in Frankfurt, in das nun eine neue Stiefmutter eingezogen war, zu eng geworden; und als er 1647, von seiner triumphalen Kunstreise zurückkommend, wieder einmal kurz seine Eltern besuchte, dürfte ihn die Geburt seiner Stiefschwester Maria Sibylla herzlich wenig interessiert haben.

Maria Sibyllas Jugend

Am 4. April 1647 kam Maria Sibylla als erstes Kind aus der zweiten Ehe Matthäus Merians d. Ä. zur Welt. Sie wuchs in dem dicht beim Karmeliterkloster in Frankfurt gelegenen elterlichen Hause in der Mainzer Straße auf und bekam 1649 ein Brüderchen, Johann Maximilian, das aber bereits zwei Jahre später starb. Ihr Vater scheint sie – wie man aus der Überlieferung seiner eingangs zitierten zuversichtlichen Prognose über die künftige Bedeutung seiner Tochter schließen möchte – besonders in sein Herz geschlossen zu haben, mochte sie doch bereits als Kleinkind Anlagen zeigen, die ihn erkennen ließen, daß sie ihm innerlich näher und charakterlich ähnlicher war als die bereits ihre eigenen Wege gehenden älteren Kinder. Außerdem war sie das Nesthäkchen, das der sich immer kränker fühlende Vater wie den letzten beglückenden Strahl einer untergehenden Sonne empfand. Er suchte, wie bereits sein Schwiegervater, in dem nahe gelegenen Schwalbach Genesung von seinen Leiden, ohne sie zu finden, und starb dort am 19. Mai 1650. Sein Grab fand er auf dem Petersfriedhof in Frankfurt.

Werkstatt und Verlagsunternehmen wurden von seinen Söhnen Matthäus und Caspar und den beiden Schwiegersöhnen Christoph Le Blon und Thomas Matthias Götz erfolgreich fortgesetzt. Für die Witwe aber bedeutete sein Tod ein schwerer Schlag. Das Haus gehörte ihr nicht, mit den Kindern aus der ersten Ehe ihres Mannes hatte sie keinen rechten Kontakt, und das Erbe ihres Gatten war bei weitem nicht so stattlich, wie das Renommee des Merianschen Unternehmens es hätte vermuten lassen. Not und Teuerung der Nachkriegszeit hatten auch einen Merian keine Schätze sammeln können lassen, und die bisher erschienenen neun Bände der Topographien, in die er beträchtliche Geldmittel hatte investieren müssen, warfen noch nicht genügend Profit ab. Nach Tilgung einer größeren Schuldenlast blieben von seinem Vermögen nur 10 400 Gulden für alle Erben übrig. Davon erhielt die Witwe nur 1200, ihre beiden Kinder 1300 Gulden; außerdem die Hälfte des Papiervorrats, zwei Gemälde und elf vergoldete Silberbecken.

Matthäus Merian d. J., den auf einer Kunstreise durch Norddeutschland die Kunde vom Tode seines Vaters erreichte, kam zur Erbteilung nach Frankfurt und war sicherlich wenig erbaut, sein rauschendes, erfolggekröntes Reiseleben aufgeben und die Geschäfte seines Vaters fortführen zu müssen. Die Charakterunterschiede zwischen dem weltmännischen, stürmischen Künstlerblut Merians d. J., der stillen, fügsamen Handwerkerbiederkeit Caspars und der amusischen Hausbackenheit der Stiefmutter belasteten die Zusammenarbeit der drei nun aufeinander Angewiesenen von Anfang an.

Die bereits durch die Erbteilung entstandene Isolierung der Mutter Maria Sibyllas von den übrigen Merians verstärkte sich noch wesentlich, als sie eine neue Ehe mit dem Blumenmaler Jacob Marrell einging. Marrell (geb. 1614) stammte aus Frankenthal und war der Sohn des Syndikus Jacob Marrell und seiner Frau Sara Plenis, der Tochter eines Juweliers. Er hatte eine ausgezeichnete Ausbildung bei Georg Flegel (1563-1638) in Frankfurt genossen, der aus Olmütz stammte, mit dem bekannten holländischen Blumenmaler David de Heem d. Ä. verwandt war und aus der flandrischen Malerschule kam. Er war der erste deutsche Maler von Blumenstücken. Marrell übertraf seinen Lehrmeister bald in Farbgebung und Komposition und ging 1634 nach Utrecht, wo er 1641 Catharina Eliot, die Tochter eines Silberschmieds, heiratete. Im ›Blumenhof in der Bergstraße bei der Jacobikirche‹ betrieb er einen gutgehenden Kunsthandel, wirkte doch in Utrecht eine ganze Malergilde, die sogenannte ›Sankt-Lukas-Gilde‹, die ihre eigenen Statuten hatte und zu der auch die talentvolle Anna Maria Schurman gehörte. Als nach erst achtjähriger Ehe seine Frau starb, verlockte ihn eine reiche Erbschaft, die ihm durch den Tod eines angeheirateten Frankfurter Verwandten, des Goldschmieds Jacob Plenis, zugefallen war, Utrecht zu verlassen und im Januar 1651 mit seinen drei Kindern Sara, Franciscus und Fredericus nach Frankfurt zu ziehen.

Dort lernte er die Witwe Merians kennen, heiratete sie am 5. August 1651 und wurde damit der Stiefvater der vierjährigen Maria Sibylla. Er eröffnete ein eigenes Atelier, ohne den Bilderhandel aufzugeben.

Noch im gleichen Jahre wurde Maria Sibyllas kleiner Bruder Johann Maximilian zu Grabe getragen, dem in den nächsten Jahren beide in dem zweiten Ehebund geborenen Kinder folgten.

Der Tod ihres eigenen Vaters, der sich in das aufbrechende Bewußtsein der kleinen Maria Sibylla tief eingeprägt hatte, das nicht abreißende Leid durch das frühe Hinwelken ihrer kleineren Geschwister, die Bedrückungen der notvollen Nachkriegsjahre und manche häuslichen Sorgen und familiären Spannungen mögen in dem still heranwachsenden, frühreifen Kind die Anlagen zu Lebensernst, Pflichtbewußtsein, Beharrlichkeit und Unabhängigkeit verstärkt haben.

Ihre sich schon in frühester Jugend regenden künstlerischen Neigungen, ihr Drang zu schöpferischer Selbstbetätigung und Naturbeobachtung, die Lust am Sammeln, Forschen, Experimentieren und Lernen stießen bei ihrer spröden, ganz in der Hauswirtschaft aufgehenden Mutter nicht nur auf Verständnislosigkeit, sondern wurden als unweibliche Absonderlichkeiten mit drakonischer Strenge bekämpft. Bereits die ältesten Biographen berichten von diesem Kampf zwischen Mutter und Tochter, und alle Merian-Romane gehen von diesem Konflikt aus. Maria Sibyllas Mutter wollte aus ihr eine brave, biedere Hausfrau machen, die nähen und flicken, aber nicht zeichnen und den Blumen und Schmetterlingen nachlaufen sollte. Eine recht unbarocke Kleinbürgerlichkeit und bigotte, naturfeindliche Frömmigkeit ließen sie dem zarten, verträumten und anscheinend auch nicht sehr hübschen Kinde gegenüber in den Fehler verfallen, es von der Umwelt abzukapseln. Das verhärtete aber erst recht dessen eigenwilligen Tatendrang.

Es wird von Maria Sibylla in anekdotenhafter Ausschmückung berichtet, daß sie von der Dachkammer aus, in der sie sich ihr eigenes kleines Reich aufgebaut hatte und wo sie heimlich die Zeichnungen ihres Vaters kopierte, eines Tages im Nachbargarten die prachtvolle Tulpenzucht des Grafen Ruitmer erblickte und, von unbändiger Sehnsucht nach den seltenen Blüten ergriffen, hinabeilte, mit einer Leiter über die Mauer kletterte und sich des ganzen Tulpenreichtums bemächtigte. Natürlich kam der Diebstahl heraus, Maria Sibylla wurde angeklagt und berichtete von ihrem unwiderstehlichen Drang, die Tulpen malen zu wollen. Die vorgelegten Beweise ihres Könnens und die treuherzige, aber zielbewußte Art ihrer Verteidigung sollen den Geschädigten so gerührt haben, daß er auf den Schadensersatz verzichtete. Ihr Stiefvater aber soll den Streich zum Anlaß genommen haben, sich nunmehr der Kleinen anzunehmen, sie unter seinen besonderen Schutz zu stellen und ihre künstlerische Ausbildung in die Hand zu nehmen.

Wann und ob sich die Tulpengeschichte ereignet hat, wissen wir nicht, ebensowenig, wann Maria Sibylla mit ihren ersten Insektenbeobachtungen begonnen hat. Sie selbst schreibt später in der Einleitung zu ihrem Surinamesischen Insektenbuch nur, daß sie sich von Jugend auf mit der

Untersuchung der Insekten beschäftigt habe, beginnend mit der Beobachtung der Seidenraupen. Auch dies muß der Mutter ein Greuel gewesen sein, stand sie doch noch ganz unter dem Einfluß der zeitgenössischen abergläubischen Auffassung, in all dem Kleingetier der Fliegen, Mücken, Motten, Käfer, Raupen und Spinnen ›Teufelsgezifer‹ zu sehen, das aus faulendem Schlamm gezeugt ist. Die Erkenntnis eines Francisco Redi, wonach Raupen und Maden aus Eiern hervorgehen, stammt erst aus dem Jahre 1671, und das erste wissenschaftliche Werk des Bologneser Anatomen Marcello Malpighi über Bau und Entwicklung des Seidenspinners erschien erst 1669. Beide Bücher standen der Merian für ihr Alterswerk sicherlich zur Verfügung; in ihrer Jugend aber konnte sie davon noch nichts wissen.

Schon in den ältesten Berichten über Maria Sibyllas Leben heißt es, daß die Mutter so lange gegen die Vorliebe ihrer Tochter für Raupen und Insekten gekämpft habe, bis ihr eines Tages eingefallen sei, daß sie selbst in den letzten Monaten vor Maria Sibyllas Geburt mit Begierde Raupen, Muscheln und Steine gesammelt habe. Auch dieses Histörchen ist in vielen Lebensbildern Maria Sibyllas wiederholt worden und sogar in die zeitgenössischen Enzyklopädien eingegangen. Es sollte anscheinend den Versuch einer Erklärung darstellen, warum sich die Mutter von einem bestimmten Zeitpunkt an den Neigungen ihrer Tochter nicht mehr widersetzte.

Sicher ist nur so viel, daß ihre Begabung schließlich so offensichtlich zutage trat, daß sie die Normalvorstellung über Mädchenerziehung überrannte und Marrell veranlaßte, ihre Neigung zur Blumenmalerei und Naturbeobachtung planmäßig zu vervollkommnen. Es muß ihn beglückt haben, daß Maria Sibylla ihm so nachschlug, als ob sie sein eigen Fleisch und Blut gewesen wäre, lag doch auch bei ihm die Hauptbegabung auf dem Gebiet der Blumenmalerei. Die spätere Vorliebe seiner Tochter zu ovalen Blumenkränzen geht unmittelbar auf sein Vorbild zurück, ist doch von ihm ein vorzüglich gemalter Blumenkranz erhalten, der eine Ansicht der Stadt Frankfurt dekorativ umrankt und die Jahreszahl 1651 trägt. Auch das Darmstädter Museum besitzt ein Gemälde Marrells, das einen großen Blumenkranz mit roten und weißen Rosen, Lilien, Tulpen, Malven, Nelken und Winden, belebt durch Schmetterlinge, Libellen und Käfer, darstellt (1655). Von der Utrechter Malerschule und deren mit allerlei Insekten belebten Blumenstilleben stark beeinflußt, vermittelte er seiner Stieftochter die niederländische Maltradition.

Da der Bilderhandel in Frankfurt sich nicht so gut wie erwartet anließ, sah er sich gezwungen, oft auf Reisen zu gehen, 1659 ganz nach Utrecht zu ziehen und die Ausbildung Maria Sibyllas seinem Schüler Abraham Mignon (1640-1679) zu überlassen. Mignon, Sohn eines Frankfurter Kaufmanns, war schon mit elf Jahren in das Atelier Marrells gekommen und stimmte in allem mit seinem Meister überein. Als Marrell 1663/64 wieder einmal nach Frankfurt zurückkehrte und seine Familie besuchte, schloß sich ihm Mignon bei der Abreise an, um die Utrechter Malerschule selbst kennenzulernen. Von 1669 bis 1672 arbeiteten beide im Atelier von Jan Davidsz de Heem (1606-1683) in Utrecht. Wenn auch die Ausbildung Maria Sibyllas noch vor dieser Zeit liegt, so standen Marrell und Mignon doch von Anfang an ganz im Banne der von Adriaen Brouwer, Daniel Seghers, Vater und Sohn de Heem und B. van der Ast gepflegten Blumen- und Früchtemalerei, die zeitlebens auch für Maria Sibylla das klassische Vorbild blieb.

Und doch ist bei ihr von Anfang an etwas Eigenes da. Sie war eben nicht nur die barock-dekorative Blumenmalerin, sondern zugleich eine sehr exakte Kupferstecherin und Naturbeobachterin. Blumenmalerei und Insektenforschung bilden bei ihr eine organische und harmonische Einheit, wie sie in dieser Ausgewogenheit einmalig ist.

Etwa sechs bis sieben Jahre dürfte Mignon ihr Lehrer gewesen sein, und er hat ihr in dieser Zeit alle Künste der Öl- und Aquarellmalerei, der Kupferstich- und Radiertechnik nahegebracht. Eine im Berliner Kupferstichkabinett befindliche ›Blumenvase‹ und ein Stilleben mit Früchten und Schmetterlingen von ihrer Hand scheinen noch aus jener Frühzeit des Lernens und der nachahmenden Komposition zu stammen.

Später entwickelte sie ihren eigenen Stil. Im Unterschied zu Mignon, der mit Vorliebe große Feldblumensträuße und Rosen in Öl malte, bevorzugte sie Miniaturen in Gouachefarben auf einem milchweißen, überaus zarten und dünnen Pergament. Gewiß zahlte auch sie der im Barock unumgänglichen dekorativen Komposition ihren Tribut, aber jedem ihrer Bilder ist eine Naturnähe abzuspüren, die der andächtigen und intensiven Hingabe an ihre noch taufrischen Blumenmodelle entspringt. Ihre Liebe gilt dem Kleinen und Unscheinbaren, den Farbenharmonien und -nuancen eines Blütenkelchs oder der irisierenden Duftigkeit eines Schmetterlingsflügels. Diese künstlerische Auffassung war damals alles andere als selbstverständlich, da bis in das Stilleben hinein das barocke Schwelgen im Monumentalen und Repräsentativen tonangebend war.

Die holländische Tradition, Blumenbuketts mit kleinen anmutigen Käfern und Schmetterlingen zu verzieren, führte sie über die naturgetreue Blumenbeobachtung hinaus dazu, die Insekten in ihre Beobachtungen einzubeziehen. Ausgehend von der Seidenraupenzucht, entdeckte sie bei allen Faltern die eigentümliche Metamorphose von der Raupe über die Puppe zum Schmetterling. Sie gibt sich diesen Beobachtungen nicht mit dem kritischen und analytischen Seziermesser des modernen Menschen hin, sondern wird durch das Wunderbare und ihr weithin Unerklärliche zu einer frommen Naturmystik geführt. ›So nun jemand all diesem weiter nachzusinnen beliebt und seyne Gedanken ein wenig anwenden will, wie Gott oft manches gantz unachtbares, und (wie wir vermeinen) auch unnützes Ding so wunderbar und schön durch seine Magd, die Natur, ausziere, der hat allerseits genügsame Anlaß hierzu, seine Andachts-Gedanken dadurch besser auszuüben‹, schreibt sie später in ihrem Raupenbuch.

Das Sympathische ist aber, daß ihre religiöse Naturauffassung nicht zu der in solchen Fällen oft festzustellenden Wissenschaftsverachtung und Ablehnung rationalen Denkens führt, sondern in einer echten und glücklichen Ergänzung mit einem immer stärkeren Eindringen in die botanische Wissenschaft ihrer Zeit verbunden ist. Sie lernt Latein, um die führenden zeitgenössischen Werke gelehrter Naturbeobachtung verstehen zu können. Wiederum aber weiß sie in gesundem weiblichen Instinkt hier das rechte Maß zu halten und verliert sich nicht an theoretisch-wissenschaftliche Abziehbilder der Natur. Dazu ist sie viel zu sehr Realistin und Künstlerin. Die Wissenschaft dient ihrer Kunst – und nicht umgekehrt.

Kein Wunder, daß ihr dreifaches leidenschaftliches Engagement – Kunst, Wissenschaft und Naturbeobachtung – sie immer mehr in die Einsamkeit trieb. Von ihrem zwölften bis siebzehnten Lebensjahr war ihr Stiefvater nur zweimal daheim (im Winter 1663/64 und 1666 zur Trauung seiner Tochter Sara). Ihr Bruder Caspar, an dem sie sehr hing, ging 1660 nach Amsterdam. Matthäus, der sich ohnehin nicht um sie kümmerte, stand 1661 im Dienst der Königin Christine von Schweden und führte dann das Leben eines sogenannten Hofagenten an deutschen Fürstenhöfen. Mignon nahm 1664 Abschied und heiratete ein Jahr später. Johann Andreas Graff, der andere Schüler Marrells, war bereits 1658 auf Wanderschaft gegangen, hatte zwei Jahre in Venedig zugebracht und studierte während eines vierjährigen Aufenthalts in Rom die antiken und mittelalterlichen Prachtbauten der Ewigen Stadt, denn seine Neigung galt der Architekturmalerei.

So war Maria Sibylla ganz auf sich gestellt und blieb auf die alleinige Gesellschaft ihrer doch recht wesensfremden Mutter angewiesen. Burckhardt-Werthemann vermutet wohl nicht zu Unrecht, daß ihre plötzliche Eheschließung mit dem 1665 aus Italien zurückkehrenden Johann Andreas Graff eine ›Machenschaft der gestrengen Mutter‹ gewesen sei. Viel natürlicher erschiene es dem unbefangenen Betrachter, wenn sie Mignon geehelicht hätte, der ihr wesensmäßig und künstlerisch viel näher stand. Man könnte beinahe vermuten, daß hier eine Rivalität vorlag und daß der robustere Graff die Abwesenheit Mignons zu seinen Gunsten benutzte; denn als Graff nach Frankfurt zurückkehrte, begrub Mignon seine Mutter in Wetzlar und heiratete, schon ein Vierteljahr nach Graffs Trauung (16. 5. 1665).

Daß es für Maria Sibylla notwendig war, einen Künstler zu heiraten, versteht sich von selbst, gab es doch damals für eine Frau keine schicklichen Möglichkeiten, allein auf Reisen zu gehen, zu studieren oder sich Auftraggeber zu suchen. Wie schnell man bei der Hand war, Frauen moralisch abzuurteilen, geht aus der in der alten Merian-Literatur immer wieder kolportierten, ebenso spöttischen wie törichten Behauptung hervor, ›daß die züchtige Jungfrau bloß darum geheyrathet habe, um mit Anstand in der Gesellschaft ihres Gatten nach dem Nackten zeichnen zu können‹. Es gibt von der Hand Maria Sibyllas nicht eine einzige Porträt- oder Aktzeichnung, so daß dieses Motiv schon von der Sache her auszuscheiden ist. Keine Überlieferung wird jemals erhellen, ob Maria Sibylla den zehn Jahre älteren Graff heiratete, weil es ihre Mutter wünschte, oder weil sie wirklich von dem weltgewandt gewordenen Graff beeindruckt war, oder gar aus Trotz, weil sie Mignon nicht bekommen konnte. Solche Vermutungen überhaupt zu erwähnen liegt nur deshalb nahe, weil die beiden so gar nicht zusammenpaßten und ihre Ehe später geschieden werden mußte.

Zunächst schien aber alles gut zu gehen. Johann Andreas Graff sonnte sich in dem Ruhm, die Tochter des berühmten Merian zur Gattin gewonnen zu haben, und ließ sich als Maler und Graveur in Frankfurt nieder. Zu allen Beschäftigungen, die Maria Sibylla seit Jahren trieb, kamen nun noch die Pflichten der verantwortlichen Hausfrau und Mutter. Im dritten Ehejahr wurde dem jungen Paar die erste Tochter, Johanna Helena, geschenkt, und zwei Jahre später (1670) zogen sie in die Vaterstadt Graffs, nach Nürnberg.

Frankfurt war in der unglücklichen Nachkriegszeit nicht mehr der goldene Boden von einst, und sicher haben ökonomische Gründe den letzten Ausschlag für die Übersiedlung gegeben. Graff mochte hoffen, daß sich sein Name in seiner Vaterstadt Nürnberg zugkräftiger als in Frankfurt erweisen und er dort weniger unter der Konkurrenz der Familie Merian leiden würde. Doch zeigte es sich sehr bald, daß er es gerade dem Namen und der Herkunft seiner Frau zu danken hatte, wenn seine Kunsthandlung überhaupt florierte.

Maria Sibylla entfaltete in Nürnberg eine umfassende eigene künstlerische Tätigkeit und half mit ihrer vielseitigen Begabung, die Existenzsorgen ihres Gatten zu mildern. Alle Techniken, die sie von Mignon gelehrt bekommen, stellte sie in den Dienst kunstgewerblicher Auftragsarbeit. Im Vordergrund stand die Gouache- und Seidenmalerei, zu der sie licht- und waschechte Farben verwandte. Unter ihren geschickten Händen entstanden Seidendecken und kunstvoll bemalte Tafeltücher, die in den Kreisen des Feudaladels reißend Absatz fanden. Füßli berichtet ausführlich darüber: ›Sie malte mit gewissen Saftfarben auf Leinwand und Seidenzeug Blumen, Kräuter, Vögel und Insekten, die sich auf beiden Seiten in gleicher Vollkommenheit zeigten und beim Waschen nicht das geringste von ihrer Schönheit verloren. Man zeiget hin und wieder Tischdecken von dieser Kunst. Ich habe dergleichen unter den seltenen Kunstsachen der verwitweten Frau Markgräfin von Baden-Baden zu Ettlingen gesehen … Diese gnädige Fürstin ließ in meiner Gegenwart die Probe mit Waschen machen, um – wie sie sagte – mein ungläubig Calvinisches Herz zu überzeugen; sie versicherte mich, daß ein gewisser großer General [wahrscheinlich Ludwig Wilhelm von Baden, der sogenannte ›Türkenlouis‹] ein ganzes Gezelt auf diese Art gemalt von der gleichen Hand gehabt hätte.‹

Einige Lehrjungfern halfen ihr beim Zubereiten der Farben, die sie nach eigenen, unbekannt gebliebenen Rezepten aus Pflanzensäften gewann. Der Farb- und Firnishandel, dessen sich die dilettierenden Damen des Adels und des städtischen Bürgertums bedienten, warf sehr notwendige Nebeneinnahmen ab und führte ihr viele neue Kunden zu.

Zu ihren Schülerinnen gehörte eine Zeitlang auch die Blumenmalerin Magdalena Fürst (1652-1717), die ein berühmt gewordenes Exemplar des ›Hortus Eystettensis‹, der die Gewächse des Bischöflichen Gartens zu Eichstädt in großen Kupfertafeln wiedergibt, illuminierte (1677).

Enger verbunden aber war sie mit Clara Regina Imhoff (1664-1740), mit der sie zeitlebens in brieflicher Verbindung blieb und der sie einen Blumenkranz ins Stammbuch malte.

Natürlich stand sie auch in engem und freundschaftlichem Kontakt mit Joachim von Sandrart (1606-1688), der seit 1674 in Nürnberg ansässig war und als Schüler Theodor de Brys und Merians d. Ä. besonders herzliche Beziehungen zum Merianschen Hause hatte. Bereits 1675 erwähnte er Maria Sibylla in seiner ›Teutschen Academie‹ und kündigt darin schon ihr Raupenbuch an: ›Sie ist ... im Werck begriffen, viel rare Abbildungen von allerhand Würmern und Raupen ... in Kupffer ausgehen zu lassen.‹

Graff scheint in dieser Zeit sehr wenig schöpferisch gewesen zu sein, und sein Bilderhandel brachte so wenig ein, daß die Hauptlast des Verdienens auf seiner Frau lag. Sie begann daher, eine damals besonders beliebte Damenbeschäftigung künstlerisch und wirtschaftlich zu nutzen, indem sie Unterricht in der Seidenstickerei erteilte. Füßli berichtet auch darüber: ›Die Merianin führte die Nadel ebenso kunstvoll als den Pinsel; sie stickte Blumen, Vögel und Insecten so natürlich, daß man Mühe hatte, sie von den Gemahlten zu unterscheiden; sie war nach ihrer menschenliebenden Denkensart bemühet, ihrem Geschlechte hierin zu dienen, und verfertigte zu dem Ende den von ihr herausgegebenen Fasciculus Florum.‹

So erschien in drei Lieferungen zu je zwölf Tafeln im Selbstverlag ihres Mannes das ›Neue Blumenbuch‹. (Teil 1 1675, Teil 2 1677, Teil 3 1680.) Obwohl ein Erstlingswerk, ist es in seiner schlichten Anmut eines der reizvollsten Florilegien jener Zeit. Es erschien als Vorlagenbuch für stikkende Damen.

In jenen Jahren ist Maria Sibylla bereits voll in Anspruch genommen von den Vorbereitungen für ihr Raupenbuch. Nach dem Vorwort des 1679 erschienenen Raupenbuches begann sie mit den systematischen biologischen Untersuchungen dazu bereits 1674. Sie studierte die Entwicklung der europäischen Insekten auf ihren entsprechenden Futterpflanzen und wurde damit die Begründerin der deutschen Insektenkunde und deren Sammelmethode. Zu der ihr angeborenen Liebe zum Kleingetier und dem jugendlich neugierigen Forscherdrang, der sie bereits in Frankfurt erfüllt hatte, gesellten sich nun in zunehmendem Maße Einflüsse aus wissenschaftlichen Büchern. Vielleicht waren ihr bereits im Elternhaus ältere Kräuter- und Insektenbücher in die Hände gekommen, etwa von Eucharius Rößlin, dem Frankfurter Stadtarzt, von Adam Lonicerus, dem Frankfurter Stadtphysikus, oder von Georg Hoefnagel, dem berühmten Miniaturmaler. 1634 war die erste illustrierte Monographie über die Insekten erschienen, die Anspruch auf Wissenschaftlichkeit erheben konnte: Thomas Mouffets ›Insectorum sive minimorum animalium theatrum‹. Auch Wenzel Hollar, der Schüler ihres Vaters, hatte 1646 in Antwerpen ›Figurae‹ von Fliegen, Käfern und Würmern herausgebracht. Unmittelbar beeinflußt hat sie aber die ›Metamorphosis et historia naturalis insectorum‹ des holländischen Malers Johann Goedart, 1662-1668 erschienen, sowie die ›Historia insectorum generalis‹ des Amsterdamer Arztes Johann Swammerdam (1637-1685), die 1669 in Utrecht erschien. Um diese Zeit arbeiteten – wie bereits erwähnt – ihr Stiefvater Marrell und Abraham Mignon bei Jan Davidsz de Heem in Utrecht. Als 1672 die Franzosen in Utrecht eindrangen und de Heem nach Antwerpen entwich, kehrte Marrell nach Frankfurt zurück und dürfte seiner Stieftochter nicht nur Kopien Heemscher Blumenstilleben, sondern auch Bücher mitgebracht haben. Da auch ihr Bruder Caspar im Jahre 1672 von Holland zurückkommt und sie in Nürnberg besucht, ist die starke Beeinflussung durch die Utrechter Wissenschaft und Maltechnik besonders verständlich.

Maria Sibylla sticht die Kupferplatten mit eigener Hand, kombiniert Linien- und Punktiertechnik und wendet die Crayonmanier an, die eine deutliche Licht- und Schattenwirkung ermöglicht. Auch die Art ihrer aus dem Boden herauswachsenden Pflanzendarstellung verrät die Utrechter Schule de Heems und Abraham Mignons. Charakteristisch für sie ist die Anwendung des Umdruckverfahrens, einer Technik, die die feinsten Konturwiedergaben gestattete. Die aus der Kupferdruckpresse kommenden, noch feuchten Blätter liefen mit einem zweiten Papierbogen noch einmal durch die gleiche Presse, wodurch Gegendrucke entstanden, bei denen man den Plattenrand kaum erkennt und die nur ganz zart sichtbaren Umrisse das Duftige und Leuchtende der Kolorierung nicht beeinträchtigen. Die Umdruckbogen waren für diejenigen Exemplare bestimmt, die ausgemalt und zu einem erhöhten Preis verkauft werden sollten.

Bewundernd stehen wir vor der gewaltigen Leistungskraft Maria Sibyllas in diesen Nürnberger Jahren, wurde sie doch mitten in den Abschlußarbeiten für ihr Raupenbuch zum zweiten Male Mutter und schenkte ihrer Tochter Dorothea Maria Henriette am 15. Mai 1678 das Leben.

Im Jahr darauf erschien ›Der Raupen wunderbare Verwandlung und sonderbare Blumennahrung, worinnen durch eine neue Erfindung, Der Raupen, Würmer, Sommervögelein, Motten, Fliegen und anderer dergleichen Thierlein, Ursprung, Speisen und Veränderungen ... fleißig untersucht, kürtzlich beschrieben und nach dem Leben abgemahlt, ins Kupfer gestochen und selbst verlegt‹. Die qualitativ weniger sorgfältigen Stiche darin stammen von der Hand ihres Mannes. Genau wie im Blumenbuch gestaltete sie das Titelblatt in Form eines Blumenkranzes, hier geflochten aus Maulbeerzweigen. Zu jeder der fünfzig Kupfertafeln gibt Maria Sibylla Gräffin geb. Merianin – wie sie sich nun nennt – ausführliche Erläuterungen nach eigenen Beobachtungen. Ganz reizend ist die persönliche, unkonventionelle und fast innige Art der Beschreibungen, die durch die Anwendung vieler süddeutscher Verkleinerungsformen eine herzliche Wärme erhalten. So wie sie von Sommer- und Mottenvöglein spricht und nicht das lautmalerisch so unpassende Wort ›Schmetterling‹ gebraucht, das sich – wie einmal gesagt wurde – eher für den Donnerkeil des Zeus als für diese graziös duftigen Wesen eigne, so schreibt sie auch ganz naiv von ›Eilein‹ und ›Dattelkernen‹, womit sie, rein von der Form ausgehend, die verpuppten Raupen meint. Gewiß unterlaufen ihr auch einige Irrtümer; so vor allem die Annahme, daß auch die Parasiten der Raupen, die Ichneumoniden-Larven, die ›Kleinen‹ der Mutter-Raupen seien. Weder sie noch ihr Zeitgenosse Goedart wußten, daß die Schlupfwespen ihre Eier in den Leib der Raupen und in die Puppen legen, damit diese den ausschlüpfenden Maden als Nahrung dienen. Doch bleibt selbst hier ihr Verdienst, den Schmarotzer mit dem dazugehörenden Wirt erstmals im Bilde festgehalten zu haben.

Mit dem Raupenbuch hatte die Merian nicht nur ihre naturwissenschaftliche Qualifikation bewiesen, sondern auch viel Mut gezeigt; denn die abergläubischen Zeitgenossen sahen in solchen Beschäftigungen Teufelswerk und gossen ihre spöttische Verachtung darüber. Noch der hundert Jahre nach ihr lebende berühmte Nürnberger Maler Rösel von Rosenhof, der nach ihrem Vorbild Insekten malte, wurde von seinen Freunden gewarnt, ›sich nicht mit solch scheußlichen Geschöpfen, die doch sicher des Teufels Ursprung wären‹, zu beschäftigen. Von daher war es nicht unklug, daß die Merian im Vorwort ihres Raupenbuches so betont erklärt, daß sie etwas Gott Wohlgefälliges zu tun beabsichtige und man es ihr als Hausfrau nicht als ungeziemende Ehrsucht auslegen solle. Ein Schutz für sie bedeutete auch, daß der sie verehrende Dichter und Professor Christoph Arnold (1646 in Nürnberg geboren) dem Raupenbuch ein Loblied mit auf den Weg gab, das nach der Melodie ›Jesu, der du meine Seele‹ gesungen werden konnte. Doch wäre es wohl historisch unrichtig, die religiösen Elemente als rein zweckbestimmt erklären zu wollen. Sie sind nicht nur lebendiger Ausfluß des Zeitgeschmacks und Lebensgefühls, sondern entsprechen der tiefen Naturmystik der Merian selbst. Die Metamorphose der Raupen war für sie nur das Sinnbild von Tod und Auferstehung, so wie es Arnold in dem Schlußvers seines Liedes ausdrückte:

Liebster Gott, so wirst Du handeln
Auch mit mir zu seiner Zeit,

Wie die Raupen sich verwandeln,
Die durch ihre Sterblichkeit
Wiederum lebendig werden
Gleich den Toten in der Erden:
Laß mich armes Würmelein
Dir alsdann befohlen sein.

Die Erkenntnis dieser Zusammenhänge ist für das Verständnis des weiteren Lebensverlaufs Maria Sibyllas nicht unwichtig; denn nach dem Erscheinen des zweiten Teiles ihres – wiederum mit fünfzig Kupfertafeln gezierten – Raupenbuches im Jahre 1683 und des noch vorher erfolgten Rückzuges der Familie von Nürnberg nach Frankfurt beginnt jene sonderbare Entfremdung zwischen ihr und ihrem Gatten einzusetzen, die zur völligen Trennung der beiden führte und die Künstlerin immer stärker in die Nähe der labadistischen Sekte brachte.

Über die konfliktauslösenden Gründe ist nichts überliefert, so daß die Biographen die unterschiedlichsten Motive ins Feld geführt haben. Im alten Zedlerschen Lexikon heißt es, Graff habe wegen eines schändlichen Lasters landflüchtig werden müssen. Uffenbach berichtet, daß es ihr bei ihrem Mann ›übel und kümmerlich gegangen‹ sei. Andere nehmen an, daß Graff ein haltloser, trunksüchtiger oder liederlicher Mensch gewesen sei; wieder andere vermuten eine Art geistiger Eifersucht, wonach Graff die Überlegenheit seiner Frau unerträglich gewesen sei. Er habe ihrem Gedankenflug nicht folgen können und fühlte sich durch ihre künstlerischen Leistungen in den Schatten gestellt.

Es dürfte mehr oder weniger müßig sein, nach äußeren Gründen zu suchen, da von Anfang der Ehe an die Diskrepanz der künstlerischen und weltanschaulichen Interessen der beiden offensichtlich ist und es daher nur eine Frage der Zeit sein konnte, wann dieser so disharmonische Bund zu Bruch gehen mußte. Es ist dazu nicht nötig, Graff die alleinige Schuld zuzuschieben; denn er scheint Maria Sibylla auch nach der Trennung noch geliebt zu haben, da er sie 1686 in Holland mit der

Absicht besuchte, sie zur Rückkehr zu bewegen. Graff war mehr Kaufmann als Künstler, ein barocker Sinnenmensch, ein mit beiden Beinen in der Welt stehender Normaltyp ohne überdurchschnittliche Ambitionen und religiöse Bedürfnisse. Maria Sibylla mußte ihm mit ihrer ungewöhnlichen Selbständigkeit und zielgerichteten Hartnäckigkeit, ihrem ganz dem Werk geltenden Forschungsdrang und ihrer ehrfürchtigen Hingabe an eine gottdurchwirkte Natur fremd und unverständlich bleiben. Unklar bleibt nur, ob die starke Hinwendung zu den Lehren Labadies die Merian in ihrem Wesen so veränderte, daß Graff dies unerträglich fand, oder ob umgekehrt erst das lieblose und verständnislose Verhalten Graffs sie den Labadisten in die Arme getrieben hat.

Maria Sibylla bei den Labadisten

Dem Anschluß Maria Sibylla Merians an die Sekte der Labadisten stand man bisher mit einer eigenartigen Verlegenheit und Verständnislosigkeit gegenüber. Man schrieb von einer unerklärlichen ›Caprice‹ oder meinte, daß ›ihr die labadistischen Schwärmer den Kopf verrückten‹. Dabei darf man aber nicht aus den Augen lassen, daß die damalige Orthodoxie den Gläubigen Steine statt Brot bot und eine so gefühlvolle und naturfromme Frau wie die Merian dabei unbefriedigt bleiben mußte. Überall entstanden pietistische Konventikel und Sekten als Gegenbewegung zu der dogmatisch erstarrten Orthodoxie. Die hitzige und sektiererische Gefühlsübersteigerung fußte geistig auf katholischen mystischen Vorbildern, aber nicht minder auf der gesetzlich-moralischen Zucht des Kalvinismus. Bereits im ausgehenden Mittelalter war Holland das Land der Mystik gewesen, die von Ruysbroek und den Brüdern vom gemeinsamen Leben an über Thomas a Kempis bis zur mystischen Lichtkunst Rembrandts wirksam blieb. Gegen den ungeheuren Luxus und das satte Wohlleben in den Niederlanden traten im 17. Jahrhundert in steigendem Maße asketische Bewegungen auf, die sich in Utrecht um den Professor der orientalischen

Sprachen Gisbert Voetius gruppierten. Wie nahe die Ziele dieser Utrechter Frommen der Wesensart der Merian standen, beweist das Thema der Antrittsvorlesung von Voetius: ›Über die notwendige Verbindung von Wissenschaft und Frömmigkeit‹. Einen sektiererischen, verstiegenen und wissenschaftsfeindlichen Zug bekam diese Richtung erst durch Jean Labadie, einen feurigen Südfranzosen, seit 1666 Pfarrer in Middelburg, der die kalvinistische Prädestinationslehre überspitzte, eine auserwählte Schar der Reinen und Wiedergeborenen sammelte und mit ihnen eine in urchristlichem Kommunismus lebende Gemeinschaft gründete. Unter seiner Kanzel in Genf hatte Philipp Jakob Spener gesessen, der 1675 in Frankfurt die berühmten ›Pia Desideria‹ als Vorwort zu Johann Arnds ›Postille‹ nach einer Vorlage Labadies verfaßte. Es wäre verwunderlich, wenn Maria Sibylla dieses Buch nicht gekannt hätte. Auch Gerhard Tersteegen, der niederrheinische Seidenbandweber, stand in der Tradition der niederländischen Mystik und verfaßte seinen bekannten Choral ›Gott ist gegenwärtig‹ in Anlehnung an Labadie. Wenn es darin in der sechsten Strophe heißt:

Wie die zarten Blumen
willig sich entfalten
und der Sonne stille halten,
laß mich so
still und froh
deine Strahlen fassen
und dich wirken lassen,

so lag das ganz auf der Linie des oben angeführten Arnoldschen Liedes und war Maria Sibylla aus dem Herzen gesungen.

Ihre stets lebendige pantheistische Mystik, manches Leid ihrer Ehe, von dem wir nichts wissen, der Tod ihres Stiefvaters Marrell, der 1681 in Frankfurt starb und außer 320 Ölbildern nur Schulden hinterließ, sowie der starke Einfluß ihres Bruders Caspar, der sich bereits 1677 in die Stille der holländischen Labadisten-Gemeinde zurückgezogen hatte und ihr begeisterte Briefe schrieb, lassen es psychologisch durchaus verständlich erscheinen, daß sie in steigendem Maße die Sehnsucht nach einem reinen, gotterfüllten Leben ergriff, das ihr die Stille ihrer Jungmädchenzeit wiedergab und sie der Hetze und Sorge des Gelderwerbs enthob.

1685 faßte sie den endgültigen Entschluß, mit ihrer Mutter und den beiden Töchtern nach Schloß Waltha bei Wieuwerd in Westfriesland aufzubrechen und sich der dort lebenden Labadisten-Kolonie anzuschließen. Um Labadie hatte sich vor seiner Ausweisung aus Middelburg und Amsterdam eine große Anhängerschar gesammelt. Zeitweise gehörten der Sekte sogar recht bedeutende Persönlichkeiten an, zum Beispiel die Chiliasten Christian Hoburg und Quirinus Kuhlmann, die verstiegene verzückte Jungfer Bourignon, die bereits erwähnte hochbegabte Anna Maria Schurman, die alle wissenschaftliche Beschäftigung aufgab und Labadie bis ans Sterbebett (1674 in Altona) folgte; aber auch so angesehene und ernsthafte Wissenschaftler wie der Pädagoge Amos Comenius und die Ärzte Johann Swammerdam und Peter von Deventer. In jenen Kreisen schlug die Geburtsstunde der Sentimentalität, in ihnen vollzog sich der Entstehungsprozeß der individuellen modernen Seele, und hier fanden geistig lebendige und selbständige Frauen erstmals gleichberechtigte Anerkennung und Erfüllung.

Als Maria Sibylla sich der strengen Zucht der Labadistengemeinde unterwarf, war der Sektenstifter bereits elf Jahre tot, und die Gemeinde unterstand dem Prediger Pierre Yvon. Das geräumige Schloß Waltha, zwischen Franeker und Leeuwarden gelegen, in dem die Anhänger Labadies Zuflucht gefunden hatten, gehörte den drei Schwestern des Gouverneurs von Surinam, Cornelis van Aerssen van Sommelsdijk, Anna, Maria und Lucia. Da der Gouverneur selbst ein Anhänger der Labadisten war, förderte er die Aussendung von Missionsgruppen der Sekte nach Surinam, die erschreckende Dinge von dem mörderischen Klima und der phantastischen Flora und Fauna des Landes berichteten, prachtvolle Schmetterlinge mitbrachten und damit in Maria Sibylla das Verlangen aufbrechen ließen, dieses Land kennenzulernen.

Das spätere völlige Schweigen der Merian über ihre bei den Labadisten verbrachten Jahre und die menschliche und künstlerische Unversehrtheit, mit der sie aus dieser seltsamen Klausur ihres Lebens hervorgeht und sich zu neuem, tätigem Schaffen gerufen sieht, beweisen, daß die Zeit klösterlicher Isolierung in Waltha für sie nicht mehr als eine Episode gewesen ist. Vielleicht eine psychisch notwendig gewesene schöpferische Pause, eine Zeit der Verpuppung, für die ihr die notwendige ›Metamorphose‹ der Raupe zum ›Sommervöglein‹ Symbol gewesen sein mag. Vielleicht aber auch eine große Enttäuschung, aus der die Erkenntnis reifte, daß es keine irdischen Inseln der Seligkeit und Vollkommenheit gibt und das gehorsame Ja zu aktiv tätiger Lebensbewältigung und künstlerischer Leistung Gott wohlgefälliger und das Leben erfüllender ist als die Treibhausluft eines gesetzlichen Frömmigkeitsfanatismus.

Es scheint so, daß die Merian auf Waltha eine Sonderstellung genoß, mehr Freiheiten als die anderen besaß oder sich zu verschaffen wußte; denn weder sie noch ihre Töchter haben in dieser Zeit ihre kunstgewerblichen Arbeiten völlig eingestellt. Im Gegenteil nutzt sie gerade jene Jahre zu eifriger Fortbildung, festigt ihre Lateinkenntnisse bei dem sich bald von den Labadisten trennenden und sie befehdenden Petrus Dittelbach, malt seit 1688 wieder Schmetterlinge und Blumen, treibt weiter Raupenforschung und begeistert sich an der großartigen Sammlung surinamesischer Schmetterlinge, die Aerssen van Sommelsdijk zusammengetragen hatte.

Aufregungen und Schicksalsschläge verlassen Maria Sibylla auch hier nicht: Caspar Merian stirbt 1686, Matthäus d. J. 1687, ihre Mutter 1690. Im Jahre 1686 versucht ihr Gatte sie zurückzuholen und geht sogar so weit, daß er der Labadistengemeinde beitreten will, nur um sie wiederzuerlangen. Dem widersprach jedoch der sektiererische Grundsatz, wonach die Ehe einer ›Gläubigen‹ mit einem unbekehrten ›Ungläubigen‹ durch die Aufnahme in die Gemeinschaft als aufgelöst galt. Maria Sibylla weigerte sich, mit ihm zu verhandeln, und Graff kehrt erfolglos nach Nürnberg zurück. Doch erst 1690 kündigt sie das Frankfurter Bürgerrecht und teilt mit, daß sich ihr Mann von ihr ›separiert‹ habe.

Zur gleichen Zeit trennt sie sich aber auch von den Labadisten. Die strenge Zucht dieser Gemeinschaft unter Yvon begann sich seit etwa 1688 merklich zu lockern. Die zweimalige Aussendung von Missionaren nach Surinam hatte sich als ein Fehlschlag erwiesen, da die Ausgesandten über keinerlei Tropenerfahrung verfügten und in dem mörderischen Klima allmählich zermürbt wurden. Die drakonischen Strafen, mit denen der fanatische Yvon alle Eigenmächtigkeiten seiner Glieder ahndete, weckten Zweifel an seiner geistlichen Autorität. Da er sich auch finanziell übernommen hatte und bei der Armut der Sekte nicht wußte, wie er sie weiter ernähren sollte, wenn die Hunderte in Schloß Waltha wohnenden Anhänger nicht wieder zu arbeiten und Geld zu verdienen anfingen, gab er die gemeinsame Kassenführung mehr und mehr auf und ließ jeden wieder selbst für seinen Lebensunterhalt sorgen. Der Auflösungsprozeß wurde noch dadurch beschleunigt, daß Sommelsdijk bei einem Soldatenaufruhr 1688 ermordet wurde. Nur in Providence in Surinam konnte sich erstaunlicherweise eine Labadistenkolonie noch dreißig Jahre lang halten.

Maria Sibyllas Wirken in Amsterdam und ihre Forschungsarbeit in Surinam

Es scheint, daß Maria Sibylla nur noch um ihrer leidenden Mutter willen auf Schloß Waltha blieb. Nach deren Tod verließ sie 1691 die Gemeinde der Labadisten endgültig und zog mit ihren Kindern nach Amsterdam in die Vijzelstraat. In der reichen Kaufmannsstadt, wo der Kunsthandel seit Jahrzehnten blühte, lebte sie in ungeahnter Weise auf. Sie verlor ihren Hang zur Einsamkeit, suchte und fand einen geistvollen und ihre Arbeit befruchtenden Umgang, hatte keinen Mangel an Aufträgen, malte mit neuer Begeisterung und freute sich am Glück ihrer Töchter. Erstmals in ihrem Leben fühlte sie sich wirklich frei, frei von dem ihr völlig entfremdeten Mann, frei von den Frankfurter Verwandten, die ihr nie geholfen hatten, frei von der sie gängelnden amusischen Mutter und frei vom gesetzlichen Zwang der Labadistengemeinde. Die neuen Lebensumstände änderten aber nichts an ihrem Charakter und ihrer bescheidenen Lebensführung, die nach wie vor unter der Devise ihres Vaters ›Pietas contenta lucratur‹ standen.

Ihre Tochter Johanna Helena heiratete den aus Bacharach am Rhein stammenden Kaufmann Jacob Hendrik Herolt, den sie schon auf Waltha kennengelernt hatte und der durch seine laufenden Handels- und Reisebeziehungen mit Surinam Maria Sibylla erneut für die Naturschönheiten dieser Kolonie begeisterte. Sie malte, von ihren Töchtern unterstützt, für enthusiastische Blumenliebhaber, die sich ganze Orangerien mit Pflanzen, Blumen und Vögeln anlegten, herrliche Blumen- und Vogelbilder, zierte mit Faltern und Käfern unbelebte Pflanzenbildnisse und präparierte tropische Schmetterlinge.

Zu ihren Auftraggebern gehörte Agnes Block, die eigene Gewächshäuser voll exotischer Blumen besaß, sowie Johanna Koerten-Block, eine Glasmalerin und Scherenschnitt-Künstlerin, mit der sie freundschaftlich verbunden war und in deren Stammbuch sie einen ihrer beliebten Blumenkränze malte und einen Vierzeiler schrieb:

K heb u penceelen oeft geschonken
Joanna wijd en zijds berugt
Door konst papiere schaaren vrugt
Oft mee mögt in uw stamboek pronken.

Aber auch ihre entomologischen Forschungen nahm sie wieder auf und besuchte die großen Naturaliensammlungen des Bürgermeisters Nikolaas Witsen und des Magistratsbeamten Jonas Witsen, das Kabinett des Levinus Vincent, der besonders Seetiere sammelte und ihr Aquarelle seines Schwagers Breda zeigte, sowie die Sammlungen des Botanikers Fredericus Ruysch. Sicherlich lernte sie auch dessen geniale Tochter Rachel Ruysch kennen, eine berühmte Blumenmalerin, die es fertigbrachte, zehn Kinder aufzuziehen und dennoch dabei Bild auf Bild zu malen.

Vor allem aber nutzte sie jetzt die Gelegenheit, die neuesten entomologischen wissenschaftlichen Werke zu studieren. Wieder beschäftigte sie sich mit den Insektenbüchern Johann Goedarts und Thomas Mouffets. Dazu gesellte sich nun das Werk Stephan Blanckaarts, eines Amsterdamer Arztes, der 1688 einen ›Schauplatz der Raupen, Würmer, Maden und fliegenden Thiergen‹ herausgab, sowie Antony von Leeuwenhoeks, eines Optikers, der die Erfindung des Mikroskops für seine Naturstudien nutzte. Ein Freund ihres Hauses wurde Michiel van Mussher, der die Vormundschaft für ihre Töchter übernahm.

Inzwischen reifte in ihr der Plan, selbst nach Surinam zu reisen. Vorsichtig fühlte sie bei den Behörden vor, inwieweit man diesem Unternehmen amtlich zustimmen würde. Nicolaas Witsen, der Amsterdamer Bürgermeister, der zugleich ein bedeutender Ethnologe und der Merian sehr wohlgesonnen war, riet ihr dringend ab. Aus einem Brief an ihre Nürnberger Freundin Clara Regina Imhoff läßt sich der Schluß ziehen, daß im Jahre 1697 zunächst ihre beiden Töchter mit ihrem Schwiegersohn Herolt nach Surinam gereist sind. Jedenfalls schreibt sie in dem Brief von ihren ›Kindern‹ in der Ferne, was sich auf alle drei, aber auch nur auf Johanna Helena und ihren Gatten beziehen kann. Die begeisterten Berichte und exotischen Mitbringsel der glücklich aus Surinam Zurückgekehrten befreiten Maria Sibylla von ihren letzten Bedenken.

Am 23. April 1699 schließt sie bei dem Amsterdamer Notar Samuel Wijmer ein Testament ab, in dem sie ihre Töchter zu Universalerben einsetzt, und im Juni 1699 ist es soweit, daß sie mit ihrer jüngeren Tochter auf einem Kauffahrteisegler die ebenso beschwerliche wie gefährliche Reise antritt.

Niederländisch-Guayana oder Surinam war nach den großen Verlusten der Westindischen Handelskompagnie der letzte holländische Kolonialbesitz in Amerika und umfaßte ein Gebiet von 141 000 Quadratkilometern. Nur ein fünfzig Kilometer breiter alluvialer Küstenstreifen aus schwerem, fruchtbarem Lehmboden ist – bis heute – der Kultivierung zugänglich. Dahinter erstreckt sich ein Savannen- und Gebirgsland mit undurchdringlichen Urwäldern, in denen ein für den Menschen unerträgliches Tropenklima herrscht. Zur Zeit der Merian stand das Land unter der Herrschaft der Pflanzerpartei, die alle Verwaltungskörperschaften besetzte und in brutaler Weise die eingeborenen Indianer und importierten Negersklaven terrorisierte und ausbeutete. Surinam hatte das Monopol für die Sklavenzufuhr ganz Guayanas, wohin seit der holländischen Besitznahme etwa 300 000 Neger gebracht worden sein sollen; ein sehr einträgliches Geschäft, denn für einen kräftigen Neger wurden bis zu 800 Gulden gezahlt. Seit 1735 bemühte sich die Herrnhuter Brüdergemeine, gegen die grausamen sozialen Verhältnisse dieser Kolonie anzugehen, und trat für die Erziehung und Gesittung der Indianer- und Negerbevölkerung ein, kam aber erst im 19. Jahrhundert zu Erfolgen. Zu Maria Sibyllas Zeit war das Los der unterdrückten Neger und Indianer noch so erschütternd, daß sie sich zuinnerst genötigt sah, mitten in den Naturbeobachtungen ihres späteren Insektenbuches diese Kolonialmethoden anzuprangern. Alle Versuche tüchtiger Gouverneure, wie Sommelsdijk einer gewesen war, wurden von der herrschenden Schicht durchkreuzt, und Maria Sibylla mußte während ihres Aufenthaltes in Surinam immer wieder am eigenen Beispiel die absolute Verständnislosigkeit und den Spott jener Kreise spüren, die über ihre Zuckerrohrprofite hinaus nicht zu denken vermochten. Sie schreibt (1705): ›De menschen hebben aldaar ook geen lust iets diergelijke te onderzoeken, ja sy bespottede my, dat ik iets anders in het land ging opzoeken als zuiker.‹

Die humane, geradezu herzliche Haltung der Merian ihren eingeborenen Helfern gegenüber brachte ihr viel Gegenliebe der ihr dienenden Sklavinnen ein, die ihr das Herz ausschütteten und ihr davon erzählten, daß sie freiwillig auf Nachkommenschaft verzichteten oder die Schwangerschaft unterbrachen, um ihre Kinder vor der schrecklichen Sklaverei zu bewahren. Ohne die rührende Hilfe und Beratung einiger Indianer hätten die beiden tapferen Frauen kaum die unerhörten Strapazen und Gefahren des Urwalds ausgehalten. Denn sie blieben nicht im Küstenstreifen, sondern begaben sich bald von Paramaribo, dem damaligen

Parmubo, fünfundsechzig Kilometer flußaufwärts bis zu der Labadistensiedlung Providence und der Plantage eines Herrn van Vreedenburg.

Die Farbenpracht und Üppigkeit der tropischen Natur, die sie umgab, berauschte die beiden Frauen und beflügelte sie trotz der unerträglichen Hitze zu rastloser Forschungstätigkeit. Die Tage reichten nicht aus, um das sie erdrückende Material zu verarbeiten. In vielen Hunderten von Studienskizzen und Pergamentmalereien erfaßten sie die ihnen begegnenden Wundertiere und -pflanzen, wobei sie weit über die insektenkundliche Betrachtung der Tropenfalter, Leuchtzikaden und Goldkäfer hinausgingen und auch Ameisen, Kolibris, Vogelspinnen, Schlangen, Eidechsen und Krokodile in ihre Beobachtungen einbezogen.

Früh, wenn die grüne Hölle des Urwalds noch schlief, gingen Mutter und Tochter bereits auf Insektenjagd. Unermüdlich sammelten sie Raupen, Schmetterlinge und Käfer, aber auch Muscheln, Blumenzwiebeln und Pflanzensamen. Jede Erkenntnis mußte der Natur mühsam abgerungen, jede Erfahrung selbst gemacht werden. Das tropische Klima zwang zu raschester Arbeit, damit die Vorlagen nicht verwelkten oder verfaulten. Kein Wunder, daß die vierundfünfzigjährige, vom Leben hart mitgenommene Frau den anhaltenden Strapazen auf die Dauer nicht gewachsen war. Ihr Gesundheitszustand verschlechterte sich von Monat zu Monat, das Malariafieber ergriff sie, und ihre Kräfte nahmen zusehends ab. Schweren Herzens mußte sie ihre Studien abbrechen und mit reicher Beute beladen am 23. September 1701 nach Amsterdam zurückkehren.

Ihr im Stadthaus ausgestelltes Material an Naturalien und Zeichnungen löste unbeschreibliche Begeisterung aus; denn noch nie waren derart lebensechte und farbenfrohe Bilder exotischer Flora und Fauna nach Europa gelangt. Die sensationelle Leistung Maria Sibyllas wurde nun erst vielen bewußt, und man rühmte sie in enthusiastischen Lobgedichten. So heißt es in einer französischen Dichtung:

›Elle affronte les vents, elle brave les flots,
Sibylle à Surinam va chercher la nature,
Avec l'esprit d'un sage et le cœur d'un héros.‹

Vier Jahre dauerten die Vorbereitungen, bis das von der Fachwelt mit großer Spannung erwartete Insektenbuch erscheinen konnte. Wieder wird ihr – wie bei ihrem Nürnberger Raupenbuch – wenig Ruhe dazu geschenkt. In der gleichen Dezemberwoche des Jahres 1701, in der ihr Gatte in Nürnberg stirbt, heiratet ihre Tochter Dorothea den Chirurgen Philipp Hendriks aus Heidelberg. 1702 reist ihre ältere Tochter Johanna Helena in Begleitung ihres Gatten nach Surinam und vermittelt ihrer Mutter weiteres Fundmaterial, das ihr zur Bestätigung ihrer Beobachtungen und zur Vollendung ihres Werkes sehr willkommen war. Zweimal muß sie umziehen: aus der Vijzelstraat in die Spiegelstraat, von dort in die Kerkstraat. Das zu verarbeitende riesige Material steht in keinem Verhältnis zu der ihr verbliebenen schwachen Kraft. Sie kann die großen Kupferplatten nicht mehr selbst stechen. Nur drei der sechzig Kupfer stammen von ihrer Hand, die übrigen verteilen sich auf die Stecher Pieter Sluyter (35), Joseph Mulder (21) und Daniel Stoopendael (1). Den Text schreibt sie selbst, die botanischen wissenschaftlichen Anmerkungen ihr Freund, Professor Caspar Commelin.

1705 erscheint im Selbstverlag, vertrieben durch den Graveur und Kartenstecher Gerard Valk in Amsterdam, die ›Metamorphosis insectorum Surinamensium‹ in einer prachtvollen breitrandigen Folioausgabe in lateinischer Sprache und macht Maria Sibylla Merian weltberühmt. Noch im gleichen Jahr kommt das Buch in holländischer Sprache heraus. Die meisten Exemplare sind sorgfältig koloriert, die schönsten von der Künstlerin selbst.

Zacharias Conrad von Uffenbach (1683-1734), der berühmte reisende Bibliophile, erzählt in seinen ›Merkwürdigen Reisen durch Niedersachsen, Holland und England‹ von seinem Besuch bei der Künstlerin am 23. Februar 1711, schildert sie als eine ›gar muntere und sehr höfliche, manirliche Frau‹ und ersteht von ihr das sonst nur 15 Gulden kostende Insektenwerk für 45 Gulden, ›weil sie es selbst mit großem Fleiß illustriert‹ hat. In der Kolorierung des Werkes durch die Merian selbst liegt – genau wie beim Blumenbuch – auch der unvergleichliche Reiz des Insektenbuches, der erneut in der 1975 erschienenen Faksimile-Ausgabe des Insel-Verlages zur Wirkung kommt.

Das Surinamesische Insektenwerk hat die zeitgenössische Wissenschaft begeistert; doch verblaßte dieser Ruhm angesichts der Linnéschen Klassifikation und der immer besseren überseeischen Naturkenntnisse allmählich, und man wies der Merian verschiedene Fehlbeobachtungen nach. So etwa ihre Annahme, daß es auch eine Umwandlung von Fröschen zu Kaulquappen geben müsse, weil sie geschwänzte Riesenlarven einer tropischen Froschart entdeckte, bei der der ausgewachsene Frosch kleiner als sein Jugendzustand ist. Nicht minder falsch ist es, wenn sie von der merkwürdigen Sternfingerkröte annimmt, daß die jungen Kröten direkt aus dem Rücken der Mutterkröte hervorwüchsen. Ja, einmal hat ein Eingeborener sie sogar angeführt und ihr eine aus zwei verschiedenen Tierkörpern zusammengesetzte Zikade gebracht, die sie kritiklos abbildet. Doch was bedeuten diese kleinen Mängel gegenüber der prachtvollen Darstellung tropischer Falter mit ihren Raupen, Eiern und Futterpflanzen oder gegenüber so dramatischen Bildtafeln wie denen der Riesenspinne, die einen kleinen Kolibri frißt! Erstmalig werden Erscheinungen tierischer Anpassung an die Umwelt farbig wiedergegeben. Ist das Werk schon von seiner biologischen Seite her eine Pioniertat, da es das erste naturwissenschaftliche Werk über Surinam überhaupt war, so wird es für alle Zeiten seinen künstlerischen Rang behaupten, denn die bereits im Blumenbuch vorgebildete Meisterschaft lebendiger, naturhafter, elegant duftiger Darstellung erreicht hier in der Leuchtkraft und Sattheit der Farben die letzte Vollendung. Allerdings gilt dies nur für die eigenhändig kolorierten Exemplare; schon die von ihren Töchtern ausgemalten Bände fallen dagegen ab.

Mit der Herausgabe dieses Werkes war ihre Arbeitskraft noch nicht erschöpft. Sie malte weiter, kolorierte in bezaubernder Weise die ›Amboinsche Rariteit Kamer‹ des Georg Eberhard Rumph und veranlaßte eine holländische Neuausgabe ihres Raupenbuches, die 1713 und 1714 unter dem Titel ›Der Rupsen Begin, Voedzel, en wonderbaare Veranderring‹ erschien. Emsig arbeitete sie bereits an einem dritten, ergänzenden Teil, als sie eine totale Lähmung überfiel und an den Rollstuhl fesselte. Während sich Johanna Helena wieder in Surinam aufhielt, um neue Beobachtungen zu machen und ihrer Mutter mitzubringen, pflegte Dorothea aufopferungsvoll ihre Mutter, ohne dabei ihre eigenen Studien zu vernachlässigen, denn sie wetteiferte mit ihrer Schwester in der Kunst der Blumenmalerei, verstand die Graviertechnik und beherrschte sogar die hebräische Sprache. Mit dreiunddreißig Jahren war sie bereits Witwe geworden und verlor wohl auch noch ihr Kind. In dieser Trauer und Vereinsamung lernte sie den geschiedenen Kunstmaler Georg Gsell aus Sankt Gallen kennen, der mit seinen beiden Töchtern als Mieter im Hause der Merian lebte, und heiratete ihn im Jahre 1717.

Von Gsells Hand stammt das von Jacob Houbraken gestochene, oft kopierte Altersbildnis der Merian, aus dem man ihre Häßlichkeit nachweisen wollte. Dem widersprechen aber ihre übrigen, heute sämtlich in Basel befindlichen Porträts. Sowohl das Familienbild Matthäus Merians d. J. aus dem Jahre 1641, in das zehn Jahre später die kleine Maria Sibylla nachträglich hineingemalt worden ist, wie das 1679 datierte anonyme Ölbild der Zweiunddreißigjährigen und auch ein – leider ebenfalls anonymes – Altersbild in dunklem Kopfschal zeigen ein ausdrucksvolles, durchaus nicht reizloses Gesicht, das besonders durch seine großen, klugen und kritisch beobachtenden Augen auffällt. Bei Gsell blicken diese Augen müde und matt und sind schon vom Tode gezeichnet.

Dieser läßt nicht mehr lange auf sich warten und ereilt sie am 13. Januar 1717. Über ihrem Grab auf dem Leidse Kerkhof steht heute eine Handelsschule. Doch bedarf es keines Grabes, um die Erinnerung an sie wachzuhalten. Ihr Nachruhm ist nie verblaßt, und ihre Werke rühren um ihrer Schönheit willen noch heute unser Herz.

Die Herolts weilten bei ihrem Tode noch in Surinam, so daß Dorothea den Nachlaß allein regeln mußte. Ihre Hauptaufgabe sah sie in der Vollendung des von ihrer Mutter vorbereiteten dritten Teiles ihres Raupenbuches, der ihr besonders am Herzen gelegen hatte, weil sie darin ihre neuesten Erkenntnisse und Beobachtungen niederlegen und auch einige Fehler berichtigen wollte, zum Beispiel die erwähnte falsche Entwicklung der schmarotzenden Raupenfliegen. Das Buch erschien im Todesjahr der Mutter in zwei Varianten. Das Titelblatt der ersten nennt einen Appendix über surinamesische Insekten von der Hand Johanna Helenas, der aber nicht enthalten ist, da Johanna nicht rechtzeitig genug aus Surinam zurückkam. Das Titelblatt wurde daher für die weiteren Exemplare entsprechend abgeändert. Der Text und alle fünfzig Kupfertafeln stammen noch von der Hand Maria Sibyllas; nur das Titelkupfer schuf Dorothea. Nach der Herausgabe verkaufte sie alle Kupferplatten an den Verleger Johannes Oosterwijk und zog mit ihrem Gatten nach Rußland, wo dieser 1719 Hofmaler Peters des Großen wurde. Von 1726 an standen beide als Zeichen- und Mallehrer im Dienst der Akademie der Wissenschaften in Petersburg. Dadurch gelangte auch ein großer Teil des künstlerischen Nachlasses Maria Sibyllas nach St. Petersburg. Noch jetzt befinden sich originale Blumenaquarelle der Merian in der Bibliothek des Botanischen Instituts V. L. Komarov und wertvolle Insektenzeichnungen ihrer Hand in der Handschriftenabteilung der Akademiebibliothek in St. Petersburg. Sie wurden in den 1974 im Verlag Edition in Leipzig erschienenen ›Leningrader Aquarellen‹ erschlossen. Dorotheas Tochter, Salome Abigaël, wurde später die zweite Frau des berühmten Mathematikers Leonhard Euler, der in erster Ehe mit Dorotheas Stieftochter Catharina Gsell verheiratet gewesen war und nun nach Basel, der Vaterstadt des alten Merian, zog.

Johanna Helena, noch geschickter in der Insekten- und Blumenmalerei als ihre Schwester, aber weniger wissenschaftlich interessiert, trennte sich später von ihrem Mann. Gwinner berichtet, daß ein Professor Peter Burmann so von ihren Pflanzenmalereien begeistert war, daß er ihr für 400 Gulden siebzig Bilder abkaufte. Für eine 1730 erschienene erweiterte Neuausgabe des Raupenbuches steuerte sie fünfzehn eigene Stiche bei. Ihr späteres Leben sowie ihr Todesjahr sind unbekannt geblieben.

Der Verlag Oosterwijk brachte etwa 1718 die drei Teile des Raupenbuches, in einem undatierten Bande zusammengefaßt, erneut heraus, nun in lateinischer Sprache mit dem Titel ›Erucarum ortus, alimentum et paradoxa metamorphosis‹. Die Ausgabe enthält eine Vorrede Dorotheas, ein Lobgedicht auf die Merian und erstmalig das häßliche Titelkupfer Houbrakens von ihr.

Im Jahre darauf brachte der Verlag das Surinamesische Insektenbuch in einer lateinischen und in einer holländischen Neuauflage heraus. Es war nun um zwölf Kupfer erweitert, von denen noch zehn nach hinterlassenen Originalen der Merian gestochen waren.

Wie erfolgreich alle diese Ausgaben waren und wie der Name Merian noch nach Jahrzehnten einen sicheren Absatz garantierte, beweist die Tatsache, daß noch 1771 Nachdrucke der Werke Maria Sibyllas in Holland und Frankreich vorgenommen wurden, die allerdings immer unsorgfältiger werden, verschiedene Kupfer verkleinert auf einem Blatt vereinigen und, da sie nicht mehr koloriert werden, keine Vorstellung der einstigen Schönheit vermitteln.

Der künstlerische Nachlaß der Merian wurde in alle Welt zerstreut. Außer St. Petersburg sind es vor allem London, wo sich zwei Foliobände mit Zeichnungen surinamesischer Gewächse und Blumen im Britischen Museum und zwei Prachtbände ihrer Zeichnungen in der Royal Library des Schlosses Windsor befinden, sowie die Museen von Amsterdam, Frankfurt, Basel, Nürnberg und Darmstadt, die Blumen- und Insektenmalereien der Merian besitzen. Die Kopenhagener Kupferstichsammlung enthält mehrere Pergamentbände mit Blumenaquarellen aus dem Schloßgarten Gottorp in Schleswig, die lange der Merian zugeschrieben wurden. Sie sollen nach ihrer Surinamreise entstanden sein. Allerdings hat Professor Wolfgang J. Müller in Kiel ihre Urheberschaft in Zweifel gezogen (nach freundlicher Mitteilung durch Herrn Hauptkonservator Erik Fischer in Kopenhagen).

Die wenigen von ihr erhaltenen Briefe sind an den Fingern einer Hand aufzuzählen und stammen nicht aus ihrem handschriftlichen Nachlaß, der als verschollen gelten muß. Der bekannte Bibliophile Fritz Homeyer schreibt in seinem Erinnerungsbuch ›Ein Leben für das Buch‹ (S. 96), daß er das einzige kolorierte Surinamesische Insektenbuch mit einer eigenhändigen Widmung der Merian besitze. Möglicherweise handelt es sich dabei um das Exemplar Uffenbachs, der berichtet, daß er bei seinem Besuch Maria Sibyllas die gekauften Exemplare von ihr habe signieren lassen.

Ihre Naturaliensammlung ging teils an die Stadt Amsterdam, teils in Privatbesitz über, vor allem an den Bankier Johann Christian Gerning (1746-1802) in Frankfurt, aus dessen Haus am Roßmarkt die immer noch gut erhaltenen Schmetterlinge später an das Naturhistorische Museum zu Wiesbaden gelangten.

In der Wissenschaft ehrte man den Namen Maria Sibyllas durch Benennung verschiedener Insekten, die sie erstmals beschrieben hat. So gibt es eine Mottenart ›Tinea Merianella‹, einen Schmetterling ›Papilio Sibilla‹ und sieben weitere nach ihr benannte Falter.

Berühmt geworden ist Maria Sibylla Merian durch ihre beiden großen Werke ›Der Raupen wunderbare Verwandlung‹ und ›Metamorphosis insectorum Surinamensium‹. Demgegenüber ist ihr ›Neues Blumenbuch‹ fast unbekannt geblieben. Nur ein Teil der Merian-Biographen erwähnt es flüchtig: doch ist an der Fülle fehlerhafter Zitate abzulesen, daß fast keiner der ihr Blumenbuch Zitierenden es je in der Hand gehabt haben kann. Man ist sich einig, daß dieses Werk weder wissenschaftlich noch künstlerisch ein Meisterwerk darstellt, ja man sagt ihm sogar billige Nachahmung und Kopierung älterer Blumenbücher nach.

Die vorliegende Ausgabe möge dazu beitragen, zu einem gerechteren Urteil zu gelangen. Es ginge von diesem Buch kein solcher Zauber aus, wenn nicht auch in ihm bereits die große Kunst Maria Sibyllas sichtbar würde, die Natur beseelt wiederzugeben. Allerdings kommt dies nur in den Exemplaren zur vollen Wirkung, die sie selbst koloriert hat. Solcherart scheinen nur noch drei Exemplare zu existieren, von denen sich das eine in der Sächsischen Landesbibliothek in Dresden, das andere im Buch- und Schriftmuseum der Deutschen Bücherei in Leipzig, das dritte im Naturhistorischen Museum in South Kensington befindet.

Wodurch ist dieses Buch so selten geworden? Warum haben sich in den öffentlichen Bibliotheken nur ganz wenige Exemplare erhalten? Weshalb steht ihm die Forschung so kritisch gegenüber? Wie ist es entstanden, und auf welche Vorbilder geht es zurück?

Beginnen wir mit der letzten Frage, und versuchen wir zunächst, eine historische Standortbestimmung vorzunehmen. Im 17. Jahrhundert sind Blumenbücher oder Florilegien, wie sie sich meistens nennen, keine Besonderheit. Nicht erst die in Holland grassierende ›Tulipomanie‹, jene besonders von 1634 bis 1638 blühende übertriebene und luxuriöse Tulpenbegeisterung, die Blumenliebe mit Gewinnsucht koppelte und die von der Merian in der Vorrede zu ihrem Blumenbuch gegeißelt wird, sondern schon zuvor hatte man sich in immer stärkerer Weise der Blume als eines bevorzugten malerischen Gegenstandes angenommen.

Während im ausgehenden Mittelalter die Blume allenfalls symbolisch neben der jugendlichen Erscheinung Marias dargestellt wird oder ornamental die prachtvoll illuminierten Horarien schmückt, tauchen in der Renaissance die ersten naturnachahmenden Blumendarstellungen auf. Albrecht Dürers ›Veilchen‹ und das ›Kleine Rasenstück mit der Akelei‹ stehen noch recht allein. Hundert Jahre vor der Merian finden wir in Giacomo Ligozzi in Florenz (1547-1626) bereits einen ausgesprochenen Blumenmaler. Aber erst in den Niederlanden gelangte die Blumenmalerei zur vollen Entfaltung.

Stützte sich die Landschafts- und Genremalerei Hollands zunächst auf eine stark realistische Tradition (Pieter Brueghel), die die italienischen Einflüsse eher stärkten als schwächten, so wird man die Vorliebe für die Blumendarstellung nicht nur von daher verstehen, sondern auch erkennen, daß Mystik und Pantheismus bei der Blumenmalerei des Barock Pate gestanden haben, da die Andacht zum Kleinen und Geringen, das Wissen darum, daß Gott nicht nur im Großen, sondern auch im Detail seiner Schöpfung, in Blume, Wurm und Tautropfen zu finden ist, erst die weltanschauliche Voraussetzung für die hingebende künstlerische Erfassung der Blumen geboten haben. Die holländischen Stillebenmaler haben in Anlehnung an die pantheistische Ethik Baruch Spinozas, die die Liebe zu Gott mit der Liebe zur Natur gleichsetzt (Deus sive natura), die Natur als die Wesenssubstanz des Seins empfunden.

Das gilt in besonderer Weise für die Utrechter Malerschule, die nicht von der italienischen, sondern von der flämischen Kunst ausging. Ambrosius Bosschaert d. Ä. (1565-1621) brachte – geschult an der Blumenmalerei Jan Brueghels (Sohn Pieter Brueghels d. Ä., 1568-1625) – dessen Kunst aus Antwerpen nach Utrecht und wirkte dort mit den nicht minder berühmten Blumenmalern Roelant Savery (1576-1639) und Balthasar van der Ast (1590-1656).

Zur nächsten Malergeneration in Utrecht gehören dann die bereits genannten Jan Davidsz de Heem (1606-1683/84), Jacob Marrell (1614-1681) und Abraham Mignon (1640-1679), von denen Maria Sibylla beeinflußt wurde. Von ihnen lernte sie die dekorativ-gefällige, bunte Anordnung der Blumen zum Strauß und ihre Belebung mit Schmetterlingen, Käfern und Raupen.

Doch führt bei aller künstlerischen Beeinflussung kein direkter Weg von der Utrechter Ölmalerei zu dem Blumenbuch der Merian. Viel unmittelbarer hatte sie die bereits vorhandenen Blumenbücher vor Augen, die aus einer Folge von Kupferstichtafeln bestanden. Die großartigen botanischen Gartenanlagen deutscher und französischer Fürsten regten vor Ausbruch des Dreißigjährigen Krieges zu einer Fülle gedruckter und ungedruckter, zum Teil herrlich kolorierter Florilegien an. Das erste bedeutende Blumenbuch erschien 1608. Pierre Vallet bildete darin Blumen aus dem Garten Heinrichs IV. ab. Vier Jahre später gab Johann Theodor de Bry, der Großvater Maria Sibyllas, sein ›Florilegium Novum‹ heraus, wobei er sich nicht scheute, einige Kupfertafeln nach Vallet zu kopieren. Auch das dritte, ebenfalls 1612 erschienene Florilegium des Emanuel Sweerts, Vorsteher der Gärten Rudolfs II., kopierte manches von de Bry und Vallet. Sogar in dem sehr selbständigen und großartigen ›Hortus Eystettensis‹, der auf Veranlassung Bischof Johann Conrads von Gemmingen von dem Nürnberger Apotheker Basilius Besler 1613 herausgegeben wurde, finden sich Anleihen aus dem Florilegium de Brys. Sechs Stecher haben an diesem Werk gearbeitet, unter anderen auch Wolfgang Kilian in Augsburg, bei dessen Bruder Matthäus Merian d. Ä. um diese Zeit gearbeitet hat. Wieder ein Jahr später erscheinen die 200 Tafeln des ›Hortus Floridus‹ des Crispin de Passe, der auch eine Zeitlang zur Utrechter Malerschule gehört hat. Während des Krieges kam in Deutschland nur ein einziges Blumenbuch heraus: Matthäus Merians d. Ä. ›Florilegium renovatum‹ (1641), das aber nur eine mit Stichen aus dem Frankfurter botanischen Garten erweiterte Ausgabe des Florilegiums seines Schwiegervaters de Bry darstellt. Doch wirkt um diese Zeit in Paris Nicolas Robert (1614-1685), der im Jahre 1664 Miniaturmaler des königlichen Hofes wurde und unter dem persönlichen Schutz des bibliophilen Ministers Colbert stand. Es gibt von Robert ein Album mit Blumenmalereien für Julie d'Angennes, Tochter der Madame de Rambouillet, mit einem Girlandentitel, wie ihn später Maria Sibylla anzuwenden liebte. Herrliche Blumenmalereien auf Pergament schuf er für Gaston d'Orléans und Ludwig XIV. Seinem ersten Buch, den 1640 in Rom erschienenen ›Fiori diversi‹, folgten 1665 seine ›Variae ac multiformes florum species‹, die Maria Sibylla im ersten Teil ihres Blumenbuches ebenso bedenkenlos seitenverkehrt kopierte, wie das ihre Vorgänger mit Vallet und de Bry getan hatten.

Die meisten dieser Florilegien waren als Musterbücher gedacht und forderten daher geradezu zur Nachahmung auf. In den Jahren der Tulipomanie hatten sich große Künstler sogar in den Dienst der Ausmalung von Verkaufskatalogen gestellt. Weder Judith Leyster, die Schülerin von Frans Hals, noch Jacob Marrell, Maria Sibyllas Stiefvater, fanden es unter ihrer Würde, derartige Aufträge zu übernehmen. Marrells Tulpenbuch tauchte 1948 auf einer großen Versteigerung in Amsterdam auf, und es wurde festgestellt, daß den meisten späteren Tulpenkatalogen die Marrellschen Originale zugrunde lagen. Im Jahre 1661 hatte er in Frankfurt ein ›Artliches und kunstreichs Reiszbüchlein für die ankommende Jugendt zu lehren, insonderheit für Mahler, Goldschmidt und Bilthauern zusammengetragen und verlegt‹ herausgegeben und damit seine Stieftochter angeregt, für die Blumenmalerei etwas Ähnliches zu schaffen und ein Musterbuch für Blumenliebhaber und stickende Damen zusammenzustellen, in dem sich die Lieblingsblumen des Barock (Tulpen, Rosen, Hyazinthen, Narzissen, Aurikeln, Ranunkeln, Iris und Lilien) in der formschönsten und dekorativ wirkungsvollsten Weise darboten.

Damit aber sind die erhobenen Fragen nach der Seltenheit des Blumenbuches in den heutigen Bibliotheken und nach den Gründen der Zurückhaltung der wissenschaftlichen Forschung dem Blumenbuch gegenüber unschwer zu beantworten.

Nach einem 1936 in der Zeitschrift ›Philobiblon‹ erschienenen Aufsatz Max Adolf Pfeiffers über das ›Neue Blumenbuch‹ war es üblich geworden, Maria Sibylla Merian wegen der nachweislichen Kopierung einiger Tafeln des Plagiats zu beschuldigen und damit ihr Blumenbuch abzuwerten. Pfeiffer, früher Direktor der Porzellanmanufaktur in Meißen und Besitzer der bibliophilen Dudelsackpresse, der eine berühmte Sammlung schöner alter Pflanzenbücher in Radebeul besaß, ging sogar so weit, in der von ihm herausgegebenen Bibliographie der Werke der Maria Sibylla Merian (1931) das Blumenbuch völlig zu verschweigen. Erst als 1935 die Sächsische Landesbibliothek in Dresden in einer unter Mitwirkung Pfeiffers arrangierten Ausstellung alter Blumenbücher ihr Exemplar des Merianschen Blumenbuches erstmalig der Öffentlichkeit zeigte, begründete er in seinem Aufsatz im ›Philobiblon‹, weshalb er das Blumenbuch in seiner Bibliographie weggelassen habe. Er weist die ›zwar ein wenig beschämende, aber nicht zu verschweigende‹ Tatsache nach, daß sieben Tafeln des Merianschen Blumenbuches direkte oder seitenverkehrte Kopien aus Nicolas Roberts ›Variae ac multiformes florum species‹ von 1665 darstellen und die Titelkränze des zweiten und dritten Faszikels von den 1673 erschienenen ›Plusieurs Guirlandes, Vases et Bouquets de Fleurs‹ des gleichen Robert abhängig sind. Pfeiffer meint, daß damit ›ein wenig von dem Nimbus abbröckelt, der sich um den Namen der Merian schlingt‹, und beendet seinen Artikel mit der lakonischen Bemerkung: ›Damit ist die Geschichte des ‚Neuen Blumenbuches' abgeschlossen.‹

Daß dem keineswegs so ist, beweisen nicht nur einige seither erschienene Abhandlungen über das Meriansche Blumenbuch, sondern noch mehr das vorliegende Blumenbuch selbst. Wir sahen bereits, mit welcher Unbekümmertheit es früher üblich war, bei Kupferstichsammlungen durchaus nicht nur Eigenes zu bieten. Der strenge Begriff des geistigen Eigentums, wie wir ihn heute als selbstverständlich voraussetzen, war ja noch nicht einmal zur Goethezeit, als man hemmungslos Bücher nachdruckte, Allgemeingut buchhändlerischer Praxis. Der Vater Maria Sibyllas fand es in keiner Weise ehrenrührig, für seine Bibelillustrationen sich die

Motive bei Holbein zu holen und in seinem ›Florilegium renovatum et auctum‹ nicht nur die de Bryschen Kupfer unter seinem Namen herauszugeben, sondern auch Kopien aus Ferraris ›De florum cultura‹ beizufügen. Die Sächsische Landesbibliothek besitzt den ersten Teil eines seltenen Blumenbuches, das 1690 in Amsterdam erschien und nach Titel und Inhalt völlig auf Nicolas Robert beruht, ohne dessen Namen überhaupt zu nennen. Die dort dargestellten Narzissen und Veilchen aber gleichen fast haargenau den Tafeln 4 und 10 im ersten Teil des Merianschen Blumenbuches. So könnte noch eine Fülle von Beispielen angeführt werden, die alle übereinstimmend beweisen, daß es in jener von keinerlei urheberrechtlichen Skrupeln belasteten Zeit geradezu das Normale war, wenn gelungene Darstellungen des einen vom nächsten naiv übernommen wurden.

Außerdem gehört das Blumenbuch in die Reihe der Muster- und Vorlagenbücher, bei denen es sich gar nicht um die Leistungen eines einzelnen, sondern um ein Geschäftsunternehmen handelte, das die neuesten und besten Blumendarstellungen in einer Auswahl zusammenstellte. Es ging hierbei nicht um die einzelne Blume, sondern um den Typus Blume. Wenn ein Künstler für einen solchen Blumentyp eine besonders ideale und ihm kaum jemals besser gelingende Darstellungsform gefunden hatte, fühlte er sich geradezu verpflichtet, auf diese Grundform immer wieder zurückzugreifen. Margarete Pfister-Burkhalter hat in ihrem trefflichen Aufsatz zum Blumenbuch nachgewiesen, daß zum Beispiel die Kaiserkrone des Blumenbuches (Faszikel 2, Tafel 4) sowie die Glockenblume und der Ginster (Faszikel 3, Tafel 9 und 10) bereits auf dem Pergamentaquarell eines in einer Delfter Fayencevase prangenden Blumenstraußes (Basler Privatbesitz) mit nur geringen Varianten zu finden sind. Ebenso tauchen einzelne Blüten- und Blattformen des Blumenbuches auf einem Gouachegemälde der Merian im Berliner Kupferstichkabinett auf. In beiden Fällen liegen die Aquarelle zeitlich vor dem Erscheinen des Blumenbuches, also vor 1675. Es ist anzunehmen, daß sowohl den Vasensträußen als den Einzeldarstellungen im Blumenbuch eine Fülle von

Naturstudien Maria Sibyllas zugrunde lagen, deren schönste jeweils übernommen und zweckentsprechend variiert wurden.

Vertieft man sich in das Leben der Künstlerin, dann wird deutlich, daß das Blumenbuch ›so nebenbei‹ entstanden sein muß – nicht als ein einmaliger künstlerischer Wurf, nicht als innere Notwendigkeit einer gerade damals zur Gestaltung drängenden Reife, sondern als kompilatorische Auslese aus einer großen Zahl einzelner Studienblätter, die natürlich auch Vorbilder und Beeinflussungen widerspiegeln und nicht alle den gleichen Grad schöpferischer Selbständigkeit aufweisen. Es entstand mitten in den Vorarbeiten zum Raupenbuch, einem Werk, das in völliges Neuland vorstieß und mit seinen über 200 Seiten Text und 100 Bildtafeln die Verfasserin, die in jenen Jahren auch noch die Pflichten einer Hausfrau und Mutter zweier Kinder zu erfüllen hatte, so beanspruchen mußte, daß es geradezu unwahrscheinlich anmutet, wenn Maria Sibylla daneben von sich aus Zeit und Lust aufgebracht haben sollte, noch ein Blumenbuch mit eigens dafür entworfenen Studien herauszugeben. Wahrscheinlicher ist es, daß sie durch die finanzielle Krisenzeit jener Nürnberger Jahre, die sie zu laufenden Auftragsarbeiten und zum Farbenhandel zwang, von ihrem Gatten mehr oder weniger dazu gedrängt worden ist. Der Name Merian war ein unschätzbares, gewinnbringendes Kapital, das ein Kaufmann wie Graff sich nutzbar zu machen wußte. Ja, man könnte geradezu auf den Gedanken verfallen, daß Graff sie schneller, als ihr lieb war, zur Herausgabe des Buches genötigt und die Auswahl des ersten Faszikels selbst vorgenommen hat.

Auffallend ist nämlich die verschiedene Titelfassung der einzelnen Teile. Während es im zweiten und dritten Faszikel heißt ›nach dem Leben gemahlet‹, steht im ersten Faszikel lediglich ›mit Fleiß verfertiget‹. Das ist außerordentlich wichtig für die Beurteilung der einzelnen Teile und vermag mehr als alles andere den von Pfeiffer erhobenen Vorwurf des Plagiats zu entkräften. Die festgestellten Abhängigkeiten und Kopien aus den Blumenbildern des Nicolas Robert beziehen sich fast ausschließlich auf den ersten Teil des ›Neuen Blumenbuches‹. Im Verhältnis zu den 36 Kupfertafeln bleibt die Eigenleistung der Merian immer noch zu rund vier Fünfteln bestehen. Es spricht für die Ehrlichkeit Maria Sibyllas, wenn sie im ersten Teil keine unwahren Behauptungen aufstellt und nur schreibt: ›mit Fleiß verfertiget‹. Nur der erste Teil benutzt also auch einige fremde Vorbilder und unterliegt daher einem ganz anderen Maßstab als die beiden folgenden Teile. Wissen wir, wie dieser erste Teil aber zustande kam? Könnte es nicht sein, daß Graff, der ja schließlich der Verleger war und das geschäftliche Risiko übernehmen mußte, die Auswahl selbst vorgenommen oder seine Frau überredet hat, Studienblätter mit zu verwenden, die sich bei den Mal- und Stickschülerinnen besonderer Beliebtheit erfreuten und damit dem Buch den Erfolg garantierten? Es könnte jedenfalls sein, daß der redlichen und ehrlichen Natur der Merian dieses reine Profitdenken zuwider war, ihr nach dem Erscheinen des ersten Teiles Bedenken kamen und sie nun energisch darauf drang, in den folgenden Faszikeln nur ihre eigenen, dem Leben abgewonnenen Blumenstudien zu verwenden. Sie hat in all ihren späteren Werken stets Wert darauf gelegt, daß sie ›nach dem Leben gemahlet‹ waren.

Und dies ist eben das ganz Besondere und Hervorstechende ihrer künstlerischen Leistung. Der Zeitgeschmack des Barock sah die Blume – im Unterschied zu den Niederländern – in erster Linie als dekoratives Schmuckelement an. Ihm war die konventionelle Form und die kompositorische Gestaltung des Blumenbildes wichtiger als seine realistische Naturform. Nicht die natürliche, erdverhaftete Anmut der Blumen steht im Mittelpunkt, sondern das Blumengebinde, die architektonisch gestaltete Blumenkomposition. In einer gewissen Naturferne wird das Blumenarrangement zum dekorativen Element barocker Raumgestaltung, begegnet uns auf den Gobelins und Tapisserien feudaler Innenräume und erstarrt dort bei aller graziösen Eleganz zum spielerisch luxuriösen Schmuckornament. Dementsprechend berücksichtigte man nur die kostbar gezüchteten teuren Gartenblumen, während die schlichte Schönheit der Feld- und Wiesenblumen unbeachtet blieb.

Die von Pfeiffer festgestellte ›Stilunsicherheit‹ des Blumenbuches dürfte in der Dialektik von Zugeständnissen an diesen konventionellen Zeitgeschmack einerseits und der naturverbundenen Originalität der ihrer Zeit weit vorauseilenden Künstlerin andererseits zu suchen sein. In den Fällen, da die Natur keine Idealformen zu bieten hatte, scheute sie sich nicht, auf bereits klassisch gelöste Gestaltungen zurückzugreifen, wenn sich diese für Malvorlagen besonders gut eigneten. Erst der ganz andere, wissenschaftliche Zweck ihrer späteren Werke schloß von vornherein den Rückgriff auf Vorlagen oder die Versuchung des Kopierens aus. Damit erklärt sich die Sonderstellung des Blumenbuches innerhalb des graphischen Gesamtwerkes der Merian.

Das Blumenbuch geriet aber nicht nur in ein künstlerisches, sondern auch in ein wissenschaftliches Zwielicht. Die späteren Werke der Merian traten bei aller Bescheidenheit der Verfasserin dennoch mit dem Anspruch der Wissenschaftlichkeit auf. Sie fanden daher auch in den wissenschaftlichen Bibliotheken bereitwillige Aufnahme. Ein als Malvorlage für Blumenstickereien und Fayencemalerei gedachtes Erstlingswerk aber, der ›lehrbegierigen Jugend zum Besten‹ und ›dem Frauenzimmer zum Nähen dienstlich‹, war keiner wissenschaftlichen Bibliothek seriös genug, gesammelt zu werden. Wo dies dennoch geschah, dann allenfalls erst in späteren Jahrhunderten um des berühmten Namens willen.

Dazu kam noch, daß die Biographen der Merian in akademischer Dünkelhaftigkeit begegneten und sie schon deshalb abwerteten, weil sie eine Frau war. Mußte man sie schon um ihrer wissenschaftlichen Werke willen notgedrungen erwähnen, dann so kurz wie möglich als Anhängsel ihres Vaters. Das Blumenbuch aber paßte – sofern man überhaupt davon Notiz nahm – mit seiner ›nur‹ bloße Naturschönheit wiedergeben wollenden Schlichtheit so wenig in das System ihrer verstaubten enzyklopädischen Gelehrtenweisheit, daß sie es unter ihrer Würde fanden, darauf einzugehen.

Waren daher schon von der Sache her dem Blumenbuch wenig Chancen gegeben, in den großen Schatzkammern des menschlichen Geistes die Jahrhunderte zu überdauern, so kommt noch ein Umstand hinzu, der seine heutige Seltenheit noch verständlicher werden läßt. Er liegt in der zahlenmäßig leider nicht mehr feststellbaren, aber sicherlich sehr kleinen Auflage des Blumenbuches und seiner Erscheinungsweise. Wir wissen heute, daß das Blumenbuch zwei Auflagen erlebte, eine, die sich wie ein Lieferungswerk über fünf Jahre hinzog (Teil 1 1675, Teil 2 1677, Teil 3 1680), und eine zweite, alle drei Faszikel zusammenfassende Ausgabe von 1680. Die beiden Ausgaben unterscheiden sich lediglich durch die Titelfassungen des ersten Teiles. In der ersten Auflage lautet der Titel des ersten Faszikels lateinisch:

›FLORVM / FASCICVLVS PRIMVS / quam Maria Sibylla Graffin / Matthaei Meriani, Senioris Filia, / depinxit aerique incidit, / et Joh: Andreas Graff / excudit Noribergae, / A°. 1675.‹,

in der zweiten Auflage deutsch:

›M. S. Graffin, / M. Merians des Älteren seel: Tochter / Neues / Blumen-Buch / Allen Kunstverständigen / Liebhabern zu Lust, Nutz und Dienst, / mit fleiß verfertiget, / Zu finden bey Joh. Andrea Graffen, / Mahlern in Nürnberg. / im Jahr 1680.‹

Die Titelblätter des zweiten Teiles (Florum Fasciculus Alter: Zweyter Blumen Theil) unterscheiden sich lediglich durch die Erscheinungsjahre (1677 bzw. 1680), während die Titelblätter des dritten Teiles (Florum Fasciculus Tertius: Dritter Blumen Theil) völlig übereinstimmen.

Die Erscheinungsweise der ersten Auflage läßt erkennen, daß das Blumenbuch – dem Zweck eines Muster- und Vorlagenbuches entsprechend – größtenteils in losen Blättern abgesetzt und erst vom Besitzer gebunden wurde. In einer Reihe erhaltener Exemplare fehlen einige Tafeln oder sind willkürlich in anderer Reihenfolge gebunden. Einige Bibliotheken und Museen sind im Besitz einzelner loser Tafeln aus dem Blumenbuch. Die Wasserzeichen in den noch vorhandenen Blumenbüchern stimmen nicht überein, sondern wechseln in bunter Folge (Doppelturm, Wappenschild, Reichsadler, Harlekin und p), nur die Vorrede hat in allen Exemplaren das gleiche Wasserzeichen, den Reichsadler. Diese Feststellungen beweisen, daß die einzelnen Tafeln zu verschiedenen Zeitpunkten – und dadurch abhängig von den verschiedenen Papiervorräten – nach dem Bedarf der vorliegenden Bestellungen in einer Art Werkstattarbeit hergestellt wurden. Das beweist auch die Bezeichnung ›Fasciculus‹, die soviel wie ›loses Bündel‹ bedeutet.

Als die Merians im Jahre 1680 den dritten Teil herausgeben wollten, dürften die vorhandenen Bestände des ersten und zweiten Teiles völlig vergriffen gewesen sein. Die Nachfrage setzte nun aber erst richtig ein, da inzwischen (1679) das Raupenbuch erschienen war, dessen großer Erfolg den Kundenkreis vergrößerte und manche zum nachträglichen Bezug des Blumenbuches anregte. Es ist anzunehmen, daß daher nur für die Besitzer der ersten beiden Teile von 1675 und 1677 der dritte Faszikel von 1680 mit der nachträglichen Vorrede allein verkauft wurde, während daneben ein Neudruck aller drei Teile für diejenigen erfolgte, die erstmalig alle drei Teile bezogen. Für diesen Kundenkreis nahm man von vornherein an, daß sie sich die drei Teile in Buchform binden würden, änderte darum den Titel des ersten Teiles und wandelte den Fasciculus, das lose Bündel, in ein festes Blumenbuch um. Doch ersparte man sich eine Änderung der Titelfassungen im zweiten und dritten Teil, in denen es nach wie vor ›Fasciculus‹ heißt.

Wir wissen nicht, ob Graff überhaupt gebundene Exemplare auf Lager hatte. Die heute vorhandenen Exemplare tragen jedenfalls nur Einbände ihrer späteren Besitzer, so daß mit großer Sicherheit angenommen werden darf, daß das Blumenbuch ungebunden verkauft wurde. Claus Nissen weist in seinem Werk ›Die botanische Buchillustration, ihre Geschichte und Bibliographie‹ (Stuttgart 1951) schon im Blick auf das ›Florilegium Novum‹ de Brys darauf hin, daß die gewöhnliche Vertriebsweise von Kupfertafel-Werken eine lockere Folge von einzelnen verkauften Blättern war und nur ein kleiner Teil der Auflage in Buchform abgegeben wurde.

So wird es nur allzu verständlich, daß dieses ohnehin nur in kleiner

Auflage erschienene Werk aufgrund seines Charakters als Gebrauchsmuster und seiner losen Form in den meisten Fällen die Jahrhunderte nicht überdauert hat und heute zu den ausgesprochenen Raritäten auf dem Büchermarkt gehört.

Die Seltenheit bestand aber bereits im 17. Jahrhundert. Nur so erklären sich die ausgesprochen fehlerhaften Zitate in den alten Quellenwerken. Wenn bereits der mit Maria Sibylla noch in persönlichem Kontakt stehende Joachim von Sandrart das Blumenbuch falsch zitiert und von einem ›Blumenbusch von 100 Blättern‹ schreibt – womit er es anscheinend mit de Brys Florilegium verwechselt –, so darf man sich nicht wundern, wenn die späteren Bibliographen mangels eigener Kenntnis erst recht Fehler machen, falsche Erscheinungsjahre angeben und die lateinische und die deutsche Titelfassung durcheinanderbringen. Das läßt sich bis in die jüngsten Publikationen über die Merian und ihr Werk verfolgen, da die meisten von dem unzuverlässigen Quellenmaterial abhängig waren und ihnen keine Originalausgaben des Blumenbuches zur Einsicht zur Verfügung standen.

Wie unbekannt das Blumenbuch bereits wenige Jahre nach dem Tode seiner Verfasserin geworden war, ist daraus zu entnehmen, daß Jean Frédéric Bernard in Amsterdam 1730 das Raupenbuch der Merian neu herausgab und dieser Ausgabe achtzehn Tafeln ›aus dem Nachlaß der Merian‹ hinzufügte, die er als noch nie erschienen bezeichnet. Dabei handelt es sich um Abzüge von 31½ Kupferplatten des Blumenbuches.

ZEITTAFEL

22. 9. 1593 Matthäus Merian d. Ä. in Basel geboren.

1606 Jan Davidsz de Heem, Lehrer Jacob Marrells, in Utrecht geboren.
Joachim von Sandrart, erster Biograph Maria Sibyllas, in Frankfurt a. M. geboren.

1607 Anna Maria Schurman, Künstlerin und Vertraute Labadies, in Köln geboren.
Wenzel Hollar, Kupferstecher und Schüler Merians d. Ä., in Prag geboren.

1608 Das erste Blumenbuch erscheint: Pierre Vallet: Le Jardin du très Chréstien Henri IV.

1610-1613 Lehrzeit Matthäus Merians d. Ä. in Zürich.

13. 2. 1610 Jean de Labadie, Sektengründer, in Bourg geboren.

1612 Johann Theodor de Brys ›Florilegium Novum‹ erscheint.

1613 Basilius Beslers ›Hortus Eystettensis‹ erscheint.

1613-1615 Gesellenwanderung Matthäus Merians d. Ä. nach Frankreich.

1614 Crispin de Passes ›Hortus Floridus‹ erscheint.
Jacob Marrell, Stiefvater Maria Sibyllas, in Frankenthal geboren.

18. 4. 1614 Nicolas Robert, französischer Blumenmaler, in Langres geboren.

1616 Matthäus Merian d. Ä. in Augsburg, Stuttgart und Antwerpen.

1617 Matthäus Merian d. Ä. läßt sich in Oppenheim nieder.

11. 2. 1617 Matthäus Merian d. Ä. heiratet Maria Magdalena de Bry.

27. 12. 1617 Walther Merian, Maria Sibyllas Großvater, in Basel gestorben.

21. 4. 1619 Susanna Barbara Merian, Merians älteste Tochter, in Oppenheim geboren.

1620-1624 Matthäus Merian d. Ä. in Basel.

25. 3. 1621 Matthäus Merian d. J. in Basel geboren.

13. 4. 1623 Margarethe Merian, zweite Tochter Merians, in Basel geboren.

8. 8. 1623 Johann Theodor de Bry, Schwiegervater Merians d. Ä., in Schwalbach gestorben.

1624 Matthäus Merian d. Ä. siedelt von Basel nach Frankfurt a. M. über.

25. 11. 1624 Bitte um Verleihung des Beisassenrechts in Frankfurt.

1625 Jan Brueghel, erster holländischer Blumenmaler, gestorben.

25. 4. 1625 Maria Elisabeth Merian, dritte Tochter Merians, in Frankfurt a. M. geboren.

9. 5. 1625 Wilhelm Fitzer heiratet Merians d. Ä. Schwägerin Susanne de Bry.

1625-1628 Die Meriansche Bilderbibel erscheint.

6. 4. 1626 Matthäus Merian d. Ä. erhält das Frankfurter Bürgerrecht.

1627 Jacob Marrell tritt als Lehrling bei Georg Flegels in Frankfurt ein.

13. 2. 1627 Caspar Merian, zweiter Sohn Merians, in Frankfurt geboren.

1. 2. 1629 Maria Magdalena Merian, vierte Tochter Merians, in Frankfurt geboren.

9. 11. 1630 Margarethe de Bry, Schwiegermutter Merians d. Ä., begraben.

1634 Thomas Mouffets ›Theatrum insectorum‹ erscheint.

1634-1638 Blüte der Tulipomanie in Holland.

1634-1649 Jacob Marrell lernt in den Niederlanden die Blumenmalerei.

1635 Maria Elisabeth Merian stirbt im Alter von zehn Jahren. Matthäus Merians d. Ä. ›Theatrum Europaeum‹ beginnt zu erscheinen.

12. 11. 1635 Joachim Merian, dritter Sohn Merians, in Frankfurt geboren.

1637 Johann Swammerdam, Arzt und Insektenforscher, geboren.

1. 5. 1637 Johann Andreas Graff, Maler und späterer Gatte Maria Sibyllas, in Nürnberg geboren.

1638 Georg Flegel, erster deutscher Maler von Blumenstücken, in Frankfurt gestorben.
Matthäus Merians d. Ä. Illustrationen zu Philipp Sidneys ›Arkadia‹ erscheinen. Matthäus Merians d. Ä. Illustrationen zu Abelin-Gottfriedts ›Archontologia cosmica‹ erscheinen.

25. 2. 1639 Roelant Savery, Blumenmaler, in Utrecht gestorben.

1640 Nicolas Roberts ›Fiori diversi‹ erscheinen in Rom.

20. 6. 1640 Abraham Mignon, Schüler Jacob Marrells und Lehrer Maria Sibyllas, in Frankfurt geboren.

1641 Matthäus Merians d. Ä. ›Florilegium renovatum et auctum‹ erscheint.

3. 12. 1641 Jacob Marrell heiratet Catharina Eliot in Utrecht.

1642-1688 Die Merian-Zeillerschen Topographien erscheinen.

8. 5. 1645 Susanna Barbara Merian stirbt im Alter von sechsundzwanzig Jahren in Frankfurt.

11. 5. 1645 Maria Magdalena, erste Frau Matthäus Merians d. Ä., in Frankfurt gestorben.

1646 Christoph Arnold, Professor, Verfasser des Raupenliedes zu Ehren Maria Sibyllas, in Nürnberg geboren.
Pierre Yvon, Vorsteher der Labadistengemeinde in Wieuwerd, in Monteauban geboren.

27. 2. 1646 Matthäus Merian d. Ä. heiratet Johanna Catharina (Sibylla?) Heim.

4. 4. 1647 Maria Sibylla Merian, fünfte Tochter Merians (erstes Kind aus der zweiten Ehe) in Frankfurt geboren.

1649 Letztes Werk Matthäus Merians d. Ä. erscheint (Basler Totentanz, gestochen bereits 1615).

1. 5. 1649 Maria Magdalena Merian, vierte Tochter Merians, heiratet Melchior Küssel, Graveur in Augsburg.

27. 5. 1649 Johann Maximilian Merian, vierter Sohn Merians (erster Sohn aus der zweiten Ehe), in Frankfurt geboren.

26. 10. 1649 Catharina Eliot, Marrells erste Frau, gestorben.

19. 6. 1650 Matthäus Merian d. Ä. in Schwalbach gestorben.

21. 1. 1651 Jacob Marrell übersiedelt mit seinen drei Kindern nach Frankfurt.

5. 8. 1651 Jacob Marrell heiratet die Witwe Matthäus Merians d. Ä.

1. 12. 1651 Johann Maximilian Merian zweijährig in Frankfurt gestorben.

1651-1664 Abraham Mignon als Schüler Marrells in Frankfurt.

1652 Magdalena Fürst, Blumenmalerin, in Nürnberg geboren.

2. 11. 1652 Matthäus Merian d. J. heiratet die holländische Bankierstochter Antonia Maria Bartels.

1653-1657 Johann Andreas Graff bei Jacob Marrell in der Lehre.

1656 Balthasar van der Ast, Blumenmaler, in Delft gestorben.

1660 Judith Leyster, Tulpenmalerin, gestorben.
Caspar Merian geht nach Amsterdam.
Jacob Hendrik Herolt, der spätere Gatte von Johanna Helena Merian, in Bacharach geboren.

11. 6. 1660 Margarethe Götz geb. Merian, zweite Tochter Merians, in Frankfurt gestorben.

1661 Jacob Marrells ›Reiszbüchlein‹ erscheint.

1662-1668 Johann Goedarts ›Metamorphosis insectorum‹ erscheint in Middelburg.

1664 Rachel Ruysch, Blumenmalerin, in Amsterdam geboren.

1665 Maria Magdalena Küssel geb. Merian, vierte Tochter Merians, in Augsburg gestorben.

Nicolas Roberts ›Variae ac multiformes Florum species‹ in Rom erschienen.

16. 5. 1665 Maria Sibylla heiratet Johann Andreas Graff.

1666 Sara Marrell, Stiefschwester Maria Sibyllas, heiratet in Frankfurt.

1668 Caspar Commelin, Botaniker und Kommentator des Surinamesischen Insektenbuches der Maria Sibylla, geboren.

5. 1. 1668 Johanna Helena, erste Tochter Maria Sibyllas, in Frankfurt geboren.

1669 Johann Swammerdams ›Historia generalis insectorum‹ erscheint in Utrecht.

Marcello Malpighis ›Dissertatio epistolica de bombyce‹ erscheint in London.

1669-1672 Jacob Marrell und Abraham Mignon arbeiten bei Jan Davidsz de Heem in Utrecht.

1670 Maria Sibylla und Johann Andreas Graff ziehen nach Nürnberg.

1671 Francisco Redis ›Experimenta circa generationem insectorum‹ erscheinen in Amsterdam.

26. 6. 1671 Joachim Merian, dritter Sohn Merians d. Ä., heiratet Magdalena Zell.

1672 Caspar Merian kehrt von Holland zurück und besucht Maria Sibylla in Nürnberg.

1673 Nicolas Roberts ›Plusieurs Guirlandes, Vases et Bouquets de Fleurs‹ erscheinen in Antwerpen.

Anna Maria Schurmans ›Eukleria‹ erscheint.

1674 Jean de Labadie in Altona gestorben.

Maria Sibylla beginnt mit ihren Insektenforschungen für das Raupenbuch.

1675 Joachim von Sandrarts ›Teutsche Akademie‹ erscheint in Nürnberg und erwähnt erstmalig Maria Sibylla.
Philipp Jakob Speners ›Pia Desideria‹ erscheinen.
Maria Sibyllas ›Florum Fasciculus Primus‹, die erste Lieferung der Erstausgabe des Blumenbuches, erscheint in Nürnberg.

1676 Die ›Anthologia Meriana‹, eine vermehrte Ausgabe des ›Florilegium renovatum et auctum‹ Merians d. Ä., erscheint in Frankfurt.

1677 Maria Sibyllas ›Florum Fasciculus Alter‹, die zweite Lieferung ihres Blumenbuches, erscheint in Nürnberg.
Wenzel Hollar gestorben.
Caspar Merian schließt sich den Labadisten in Friesland an.

1678 Anna Maria Schurman gestorben.

15. 5. 1678 Dorothea Maria Henriette, zweite Tochter Maria Sibyllas, in Nürnberg geboren.

1679 Maria Sibyllas ›Der Raupen wunderbare Verwandlung und sonderbare Blumennahrung‹, Teil 1, erscheint in Nürnberg.
Abraham Mignon in Utrecht gestorben.

1680 Maria Sibyllas ›Florum Fasciculus Tertius‹, die dritte Lieferung ihres Blumenbuches, und die Neuausgabe aller drei Teile unter dem Titel ›Neues Blumenbuch‹ erscheinen in Nürnberg.

11. 11. 1681 Jacob Marrell in Frankfurt gestorben.

1681-1682 Maria Sibylla kehrt mit ihren Kindern nach Frankfurt zurück, um ihre Mutter zu unterstützen. Graff folgt ihr später nach.

1682-1705 Nicolaas Witsen Bürgermeister von Amsterdam.

1683 Maria Sibyllas ›Der Raupen wunderbare Verwandlung…‹, Teil 2, erscheint in Frankfurt.

1683-1685 Überlieferte Briefe Maria Sibyllas aus Frankfurt an ihre Freundin Clara Regina Imhoff in Nürnberg.

1684 Jan Davidsz de Heem in Antwerpen gestorben.

1685 Maria Sibyllas Blumenkranz im Meisterbuch der Gold- und Silberschmiede in Frankfurt.
Maria Sibylla trennt sich von ihrem Mann und zieht mit Mutter und Kindern auf Schloß Waltha in Wieuwerd (Holland) zu den Labadisten.

Graff kehrt nach Nürnberg zurück.
Johann Swammerdam in Amsterdam gestorben.

25. 3. 1685 Nicolas Robert in Paris gestorben.

1686 Johann Andreas Graff besucht Maria Sibylla auf Schloß Waltha und versucht vergeblich, sie zurückzugewinnen.

12. 4. 1686 Caspar Merian auf Schloß Waltha gestorben.

15. 2. 1687 Matthäus Merian d. J. in Frankfurt gestorben.

1688 Stephan Blankaerts ›Schou-Burg der Rupsen, Wormen, Maden en vliegende Dierkens‹ in Amsterdam erschienen.
Joachim von Sandrart in Nürnberg gestorben.
Cornelis van Aerssen van Sommelsdijk, der Gouverneur von Surinam, wird ermordet.
Zerfall der Labadistengemeinde in Wieuwerd beginnt.
Maria Sibylla beginnt wieder zu malen.

1690 Maria Sibylla gibt ihr Frankfurter Bürgerrecht auf.
Johanna Catharina Merian, Maria Sibyllas Mutter, in Wieuwerd gestorben.

1691 Maria Sibylla verläßt die Labadistengemeinde und zieht mit ihren Kindern nach Amsterdam.

28. 9. 1691 Erstes datiertes Bild Maria Sibyllas in Amsterdam.

Juli 1692 Johanna Helena, Maria Sibyllas ältere Tochter, heiratet Jacob Hendrik Herolt in Amsterdam.

1694 Christoph Arnold, der Verfasser des Lobliedes auf Maria Sibylla im Raupenbuch, gestorben.

25. 6. 1694 Johann Andreas Graff schließt eine zweite Ehe.

1697 Clara Regina Imhoff in Nürnberg gestorben.

1698 Jacob Houbraken, Stecher des Porträts der Merian, geboren.

23. 4. 1699 Maria Sibylla hinterlegt ihr Testament.

Juni 1699–23. 9. 1701 Maria Sibylla in Surinam.

1700 Johann Goedarts ›Metamorphoses naturelles ou histoire des insectes‹ erscheinen in Amsterdam.

2. 12. 1701 Dorothea Maria Henriette Merian, jüngere Tochter Maria Sibyllas, heiratet den Chirurgen Philip Hendriks.

6. 12. 1701 Johann Andreas Graff in Nürnberg gestorben.

1702 Joachim Merian, dritter Sohn Merians d. Ä., in Frankfurt gestorben.
Johanna Helena Herolt geb. Merian reist mit ihrem Gatten nach Surinam und setzt dort Forschungen ihrer Mutter fort.

1705 Maria Sibyllas ›Metamorphosis insectorum Surinamensium‹ erscheint im Selbstverlag und bei Gerard Valk in Amsterdam.
Rösel von Rosenhof, von Maria Sibyllas Werk angeregter Blumenmaler, geboren.

20. 6. 1705 Michiel van Mussher, der Vormund der Töchter Maria Sibyllas, in Amsterdam gestorben.

1707 Pierre Yvon, Leiter der Labadistengemeinde auf Schloß Waltha, gestorben.

1711 Philip Hendriks, erster Gatte Dorothea Merians, in Amsterdam gestorben.

23. 2. 1711 Zacharias Conrad von Uffenbach besucht Maria Sibylla in Amsterdam.

3. 10. 1711 Maria Sibylla unterzeichnet ein zweites Testament.

1713-1714 Das Raupenbuch Maria Sibyllas erscheint in einer holländischen Ausgabe unter dem Titel ›Der Rupsen Begin, Voedzel, en wunderbare Verandering‹ in Amsterdam im Selbstverlag und bei Gerard Valk.

13. 1. 1717 Maria Sibylla Merian in Amsterdam gestorben.

1717 Dorothea Maria Henriette Hendriks geb. Merian heiratet in zweiter Ehe Georg Gsell in Amsterdam und zieht mit ihm am 13. 10. 1717 nach Petersburg.
Dritter Teil der holländischen Ausgabe des Raupenbuches Maria Sibyllas, herausgegeben von ihrer Tochter Dorothea, erscheint in Amsterdam im Selbstverlag.
Magdalena Fürst, Nürnberger Blumenmalerin, in Wien gestorben.

1718 Maria Sibyllas Raupenbuch erscheint in einer lateinischen Ausgabe unter dem Titel ›Erucarum Ortus, Alimentum et paradoxa Metamorphosis‹ bei Johann Oosterwijk in Amsterdam.

1719 Georg Gsell, Schwiegersohn Maria Sibyllas, wird Hofmaler Peters des Großen.

Zwei erweiterte Ausgaben des Surinamesischen Insektenwerkes Maria Sibyllas erscheinen bei Johann Oosterwijk in Amsterdam, lateinisch unter dem Titel ›Dissertatio de generatione et metamorphosibus insectorum Surinamensium‹, holländisch unter dem Titel ›Over de Voortteeling en Wonderbaerlijke Veranderingen der Surinaemsche Insecten‹.

1720 Gerard Valk, der erste Verleger der holländischen Ausgaben der Werke Maria Sibyllas, gestorben.

1726 Eine französische Ausgabe des Surinamesischen Insektenwerkes Maria Sibyllas erscheint unter dem Titel ›Histoire des insectes de l'Amérique‹ im Verlag von Peter Gosse im Haag.

1730 Je eine französische und eine holländische Ausgabe des Raupenbuches Maria Sibyllas erscheinen im Verlag von Jean Frederic Bernard in Amsterdam. Ihr sind 18 Tafeln aus dem ›Neuen Blumenbuch‹ beigefügt, die angeblich noch nie erschienen seien. Die französische Ausgabe trägt den Titel ›Histoire des insectes de l'Europe‹, übersetzt durch Jean Marret, die holländische Ausgabe den Titel ›De Europische Insecten‹.

Das Surinamesische Insektenwerk Maria Sibyllas erscheint in der erweiterten holländischen Fassung von 1719 unter dem gleichen Titel bei Jean Frédéric Bernard in Amsterdam.

1731 Caspar Commelin, der botanische Kommentator des Surinamesischen Insektenwerkes Maria Sibyllas, gestorben.

Dez. 1740 Georg Gsell in Petersburg gestorben.

16. 5. 1743 Dorothea Maria Henriette Gsell geb. Merian in Petersburg gestorben.

1746-1761 Rösel von Rosenhofs ›Insekten-Belustigungen‹ erscheinen in Nürnberg.

1750 Rachel Ruysch, Blumenmalerin, die in ihrer Jugend von Maria Sibylla beeinflußt wurde, gestorben.

1771 Veränderte und zusammenfassende Neuausgaben der Merianschen Raupen- und Insektenbücher erscheinen in französischer Sprache (›Histoire générale des insectes de Surinam et de toute l'Europe‹) im Verlag von L. C. Desnos in Paris.

ZU DIESER AUSGABE:

Dieser Taschenbuch-Ausgabe liegt die gebundene Ausgabe im Insel Verlag zugrunde: Maria Sibylla Merian, *Neues Blumenbuch.* Begleittext von Helmut Deckert. Insel-Verlag Anton Kippenberg, Leipzig 1966.

»Freude am Garten« im Insel Verlag Eine Auswahl

Alpenblumen im Frühling. Nachwort und kolorierte Holzschnitte von Josef Weisz. Erläuterungen von Gerd Müller.
IB 1142. 62 Seiten

Elizabeth von Arnim
- Elizabeth und ihr Garten. Roman. Aus dem Englischen von Adelheid Dormagen. Leinen und it 2291. 131 Seiten
- Der Garten der Kindheit. Übersetzt von Leonore Schwartz. it 2361. 80 Seiten

Bäume. Gedichte und Prosa. Ausgewählt von Gottfried Honnefelder. it 1811. 282 Seiten

Marianne Beuchert
- Gärten am Reiseweg. Von Irland bis Portugal. Mit farbigen Fotografien von Marion Nickig. 160 Seiten. Gebunden
- Die Gärten Chinas. it 2195. 280 Seiten
- Symbolik der Pflanzen. Von Akelei bis Zypresse. Mit 101 Aquarellen von Maria-Therese Tietmeyer. 391 Seiten. Leinen

Blütenzauber. Die schönsten Blumengedichte. Ausgewählt von Gesine Dammel. Mit farbigen Fotografien. it 2422. 150 Seiten

José Maria Eça de Queiroz. Die Rose. Mit zehn farbigen Bildern von Marion Nickig. IB 1177. 55 Seiten

Esther Gallwitz
- Kleiner Kräutergarten. Kräuter und Blumen bei den Alten Meistern im Städel. it 1818. 257 Seiten

- Schneewittchens Apfel. Pflanzen in Grimms Märchen. Mit farbigen Aquarellen von Maria-Therese Tietmeyer. it 2530. 180 Seiten

Mit Goethe durch den Garten. Ein Abc für Gartenfreunde. Herausgegeben von Claudia Schmölders. Illustrationen von Hans Traxler. it 1211. 137 Seiten

Willi Harwerth

- Das kleine Baumbuch. Die deutschen Waldbäume. Geleitwort von Friedrich Schnack. Farbige Bilder von Willi Harwerth. IB 316. 68 Seiten
- Das kleine Kräuterbuch. Einheimische Heil-, Würz- und Duftpflanzen, nach der Natur gezeichnet von Willi Harwerth. Mit einer kleinen Kräuterkunde von Friedrich Schnack und Erläuterungen von Sandro Limbach. Mit 36 Bildtafeln. IB 269. 70 Seiten

Hermann Hesse

- Bäume. Betrachtungen und Gedichte. Mit farbigen Fotografien von Pieter Jos van Limbergen. Herausgegeben von Volker Michels. it 2378. 184 Seiten
- Freude am Garten. Betrachtungen, Gedichte und Fotografien. Herausgegeben und mit einem Nachwort versehen von Volker Michels. it 2204. 240 Seiten
- Im Garten. Betrachtungen und Gedichte. Auswahl und Nachwort von Volker Michels. it 1329. 240 Seiten
- Jahreszeiten. Betrachtungen, Gedichte und Aquarelle. Zusammengestellt von Volker Michels. it 2339. 131 Seiten
- Schmetterlinge. Betrachtungen, Erzählungen, Gedichte. Zusammengestellt und mit einem Nachwort versehen von Volker Michels. Mit zahlreichen Illustrationen. it 2424. 160 Seiten
- Stunden im Garten. Der lahme Knabe. Zwei Idyllen. Mit Zeichnungen von Gunter Böhmer. IB 999. 124 Seiten
- Vogel. Ein Märchen. Illustriert von Gunter Böhmer. Mit einem Nachwort von Volker Michels. it 2399. 80 Seiten

Hinter Mauern ein Paradies. Der mittelalterliche Garten. Herausgegeben von Peter C. Mayer-Tasch/Bernd Mayerhofer. IB 1184. 111 Seiten

Marie Luise Kaschnitz. Der alte Garten. Ein Märchen. it 2394. 278 Seiten

Rudolf Koch. Das kleine Blumenbuch. 58 farbige Zeichnungen von Rudolf Koch in Holz geschnitten von Fritz Kredel. IB 281. 58 Seiten

Luzie Krolow. Gartenzauber. 32 Blumen- und Kräuterminiaturen. it 1718. 142 Seiten

Katherine Mansfield. Das Gartenfest und andere Erzählungen. Aus dem Englischen von Heide Steiner. it 1724. 232 Seiten

Maria Sibylla Merian

- Das Insektenbuch. Metamorphosis Insectorum Surinamensium. Nachdruck der 1707 in Amsterdam erschienenen Ausgabe nach dem Exemplar der Sächsischen Landesbibliothek zu Dresden. Begleittext von Helmut Deckert. Mit 60 Bildtafeln. Leinen. 164 Seiten. it 2870. 168 Seiten
- Neues Blumenbuch. Nachdruck der 1680 in Nürnberg erschienenen Ausgabe nach dem Exemplar der Sächsischen Landesbibliothek in Dresden. Begleittext von Helmut Deckert. Leinen und it 2927. 160 Seiten.

Anna Pavord. Die Tulpe. Eine Kulturgeschichte. Übersetzt von Sven Dörper und Thomas Wollermann. Mit farbigen Abbildungen. Gebunden. 439 Seiten. it 2881. 288 Seiten.

Hermann Fürst von Pückler-Muskau. Andeutungen über Landschaftsgärtnerei. Herausgegeben von Günter J. Vaupel. it 1024. 377 Seiten

Rainer Maria Rilke. In einem fremden Park. Gartengedichte. Mit Fotografien von Marion Nickig. Zusammengestellt von Marianne Beuchert. IB 1129 und it 1820. 77 Seiten.

Die Rose. Gedichte und Prosa. Ausgewählt von Beatrix Müller-Kampel. Mit farbigen Fotografien. it 2619. 187 Seiten

Roter Mohn. Texte und Bilder. Auswahl und Nachwort von Gisela Linder. IB 1183. 72 Seiten

Johannes Roth
- Gartenlust. Mit farbigen Fotografien von Marion Nickig. it 1390. 249 Seiten
- Gartenlust-Kalender. Immerwährender Kalender. it 2210. 160 Seiten
- Die neue Gartenlust. Mit farbigen Fotografien von Marion Nickig. it 1571. 166 Seiten

Schmetterlinge. Geschichten und Gedichte. Auswahl von Simone Frieling. it 2882. 220 Seiten

Siegfried Unseld. Goethe und der Ginkgo. Ein Baum und ein Gedicht. Mit Abbildungen. IB 1188 und it 2475. 112 Seiten

Von Fliegen und Menschen. Geschichten und Gedichte. Ausgewählt von Margit Wyder. it 2933. 250 Seiten

Die vier Jahreszeiten. Gedichte und Prosa. Vier Bände einzeln:
- Das Frühlingsbuch. Herausgegeben von Hans Bender und Nikolaus Wolters. it 2201. 233 Seiten
- Das Sommerbuch. Herausgegeben von Hans Bender. it 847. 230 Seiten
- Das Herbstbuch. Herausgegeben von Hans Bender. it 657. 262 Seiten
- Das Winterbuch. Herausgegeben von Hans Bender und Hans Georg Schwark. it 728. 252 Seiten